見えない問題解決の公式

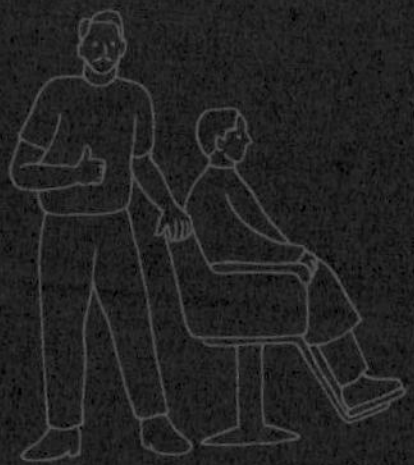

理央 周

RIOH MEGURU

日本経済新聞出版

ある街に、ヘアサロンを経営する山田さんと田中さんという美容師さんがいました。

二人は、ロンドンで修業をしていたときからの仲で、山田さんが先輩、田中さんが後輩という関係です。

その街の住宅地にある山田さんのサロンは、3カ月先まで予約がいっぱいで、新規のお客さまも今はお断りしています。

駅前にある田中さんのサロンは、人通りも多く、立地も抜群なのに、なかなかお客さんが訪れず、利益が残りません。

二人の技術はそれほど変わりません。この違いは一体、何が原因なのでしょうか。


（答えは第5章）

ある食品メーカーの営業部に配属されて5年目の、鈴木さんと佐藤さん。

二人は同期入社なのに、成績の差がつくばかりです。

数字に強く、勉強熱心な鈴木さんは、毎日しっかりと営業計画を立て、忠実に実行しているのに、なぜか目標を達成できず、部長から叱られてばかりです。

一方、佐藤さんは、残業もせず、毎日定時に帰ってプライベートも充実させていますが、なぜか毎月目標達成。

二人の違いは、一体、何が原因なのでしょうか。


(答えは第1章)

プロローグ　「売れない問題」に悩む私たち

新型コロナ感染症の影響は当初想定以上に長引き、ＤＸ（デジタル・トランスフォーメーション）やＡＩ（人工知能）も浸透してきました。

最近では、世界的な資源高や日本の低金利＝円安などが原因となって、久々の物価上昇（インフレ）が起きています。

私たちを取り巻くビジネス環境は、かつてないほど激変しています。

そのためか、私のもとには、多くの方々から深刻な悩み相談をいただきます。

「実はうちの会社、事業が苦しいのです。どうすれば問題解決ができるでしょうか」

そこで私が「どのような問題が起こっているのですか？」とお尋ねすると、具体的には次のような答えが返ってきます。

●売り上げがじりじりと下がっている
●新しいお客さまが獲得できない
●今までのお客さまが、離れていってしまう
●期待の新商品、新サービスの反響が小さい
●今まで順調だった広告が効かなくなってきた

多くの方は、これらすべてを「**売れない問題**」として認識しています。

この「売れない問題」に悩まされているのは、一定以上の規模の会社における経営企画や広告、マーケティングの担当者だけではありません。中堅・中小企業や個人事業主の方々も同じ悩みを口にします。

この苦しい状況から脱するために、流行しているマーケティング・オートメーション（MA）の導入に着手して、一人ひとりの顧客に即した売り込み方をするのだ、という会社もあります。

一方で、「SNSの立ち上げだ!」「コンテンツ・マーケティングだ!」と新しい打ち

手を実施する方もいます。

あるいは新規顧客の獲得数を増やすため、営業訪問先数の目標値（KPI）を定める、商品の魅力を高めようと、内容、サービス、価格などで付加価値を考えるなど、さまざまな面からの努力を続けています。


それでもなかなかうまくいかない……そう感じている方も多いはずです。

それ、本当に「売れない問題」ですか？

ここでもう少し、「売れない問題」について考えてみましょう。

先ほどの悩み、「売り上げが下がっている」「新規顧客が獲得できない」「今までの広告が効かない」は、「問題」というより、単なる現在の「状況」に過ぎません。

この状況が苦しいのは理解できるのですが、その状況をきちんと整理・解析せずに、「MAの導入だ」「SNSだ」「営業訪問のKPIの導入だ」と、打ち手や対策を実施するために、なかなか成果につながりません。

「状況」というのは、今起きているその場での現象＝症状です。

もちろん、その症状そのものも困りものなのですが、何かしらの症状に悩まされるたびに、個別に対処していては、「ビジネスが苦しい」を根本的に解決するのは難しくなってしまいます。

イメージとしては、身体のどこかが痛んで痛み止めの薬を飲んだ場合、その痛みは取れるかもしれませんが、対症療法だけでは再発する可能性もあります。そもそも痛みを発生させている原因に対処する根本治療をしなければ、本当の意味での治療にはならない、と理解すればよいと思います。

まずは、自分たち、自社はどのようなゴール（理想）を求めているのかを固めておく必要があります。具体的には次のようなものです。

●毎週、毎月、売上目標が達成できる

- 毎日、お客さま候補からメールで問い合わせが数多く寄せられる
- お客さまの満足（顧客ロイヤルティ）を得て、安定的な売り上げを実現する

こんな抽象的で単純なものでいいのか？と疑問に思われる方もいるかもしれませんが、商売の本質は、いつの時代も驚くほどシンプルです。

そして「問題」については、現状（状況）とゴール（理想）の構造的なギャップと理解します。

「このままの方向性でビジネスを続けても、理想の姿にはならない」というものです。

つまり、営業努力が足りない、広告が少ない、など主に経営資源の投入量が原因となっている苦境ではありません。

多くの会社、多くのマネジャーがゴールと現状のギャップを生む構造を解析しないまま、「顧客訪問が足りない！」と努力の投入量ばかり重視したり、「時代が変わった！」と目新しい（ように見える）対策ばかりに注力するので、よけいに事態を複雑にしています。

問題の原因はいつだって超シンプル

ここでもう少し、「売れない問題」を追究してみましょう。先ほど書いた、

- 売り上げが下がってきている
- 新しい顧客や販路ができない
- 今までの広告が効かない……

は、単なる今の状況に過ぎないとして、もう少し掘ってみると、真の問題はもっと深いところに見つかります。

- 売り上げが下がってきているのは、市場のつかみが浅いから
- 新しい顧客がつかめず、販路ができないのは、顧客のニーズがつかめていないから
- 今までの広告が効かないのも、その広告をお客さまが見ていないから

ということがよくあります。これらの視点はすべて「お客さま」です。

つまり、**「あなたが売れない」**のではなく、**「お客さまが買わない」**のです。

この問題の本質をつかむには、「顧客の行動にフォーカスする」のが正解です。

ビジネス書で「顧客にフォーカス」と言われると、「またか」と思われるかもしれませんが、商売の本質はやはり「お客さま」にあります。ここでは、売り手目線から「買い手目線」になって物事を考えると、とらえてください。

まずは顧客に焦点をあてて、自然に「売れる仕組み」とは何かを考えていきます。「売れる仕組み」、これはすなわちマーケティングです。

今は、マーケティング・オートメーションとか、CRM（カスタマー・リレーションシップ・マネジメント＝顧客関係管理）のソフトやSaaS（Software as a Service）といった最新のマーケティングツールが出回っています。

ツールはあくまでツールでしかないので、それを導入すれば、うまくいくわけではありません。これらの手法はあくまで手段であって、ビジネスの目的ではないので、技術論、ツール論に目を奪われると、ものごとの本質を見失ってしまいます。

では、マーケティングの本質とは何か――。その本質も実はシンプルです。

①あなたの会社の製品やサービスを、
②必要とする人たちに向けて、
③どうやって買ってもらうか、を考えることです。

つまり、「**①何を**」「**②誰に**」「**③どうやって**」の3つについて戦略を立てることです。売れる仕組みを構築するには、必ずこの①から③の順に考えなくてはいけません。あなたが「売れない問題」に直面している場合は、この3つの戦略のどれか1つ、あるいは2つか、もしくは3つとも間違えているからです。

売れていた商品が、売れなくなってしまった！

では、ここでイメージをしてみましょう。あなたはジュエリーの製造・販売の仕事をしているとします。

あなた自身がデザインしたオリジナルの、カジュアルなジュエリーを（①何を）、20代から40代のファッションに興味がある働く女性に（②誰に）、公私でも気軽に使えるイメージをアピールしてECサイトをつくり、インスタグラムを中心に告知をしている（③どうやって）――

といった具合です。このように整理してみると、とても理解しやすいと思います。

このジュエリー・ビジネス、5年前に始めたときは、自分と同年代をターゲットにしたので、インスタグラムに広告を打ち、順調に売れていました。

ところが、ここ数年、インスタの広告からのあなたのショップへの流入が減ってきたので売り上げが下がってきています。

そこで「広告料を増やさなければ！」とか「インフルエンサーに頼もう！」と広告宣

伝を強化しましたが、なかなか思うように売り伸ばせません。

このような状況に陥ってしまった際には、なぜ売れないのかではなく「なぜ顧客が買ってくれないのか」という視点で状況を見てみることから始めます。そして、理想のゴールとのギャップがどこにあるのか、その原因を探ります。

売り方＝どうやって＝インスタは見られているのか、広告は受け入れられているのか
売り先＝誰に＝あなたのジュエリーに響く正しいターゲット層にあたっているのか
売り物＝あなたのジュエリーが飽きられたのか、ライバルが出てきてしまったのか

この3つのうちのどれか、あるいは重複して違っているかどうかをチェックする、といった具合です。

どうしても私たちは頑張って売ろうとするあまり、この3つの中で「売り方」ばかりを考えてしまいがちです。

たとえば、ネットショップだけでは売り上げが上がらないから、知ってもらうためにアパレルメーカーの店頭で期間限定でPOPアップショップをやってみる、といった具合です。

あとから説明するように、それはそれで間違いではないのですが、商品構成を見直して（何を）、少し高めのパールをラインアップに加えたり、ターゲット層（誰に）を見直して、若めの層にアピールするなどして、「売り方」以外にも目を向けて「売れない問題」を解析する必要があります。

戦略と計画なしで、売ってはいけない

成果を出している会社や人は、何かしらの戦略に沿った計画を立てて働いています。マーケティングや営業という売る仕事をしていると、計画に沿って動いているときは必死になるがゆえに、途中経過をチェックすることが疎かになりがちです。

ところが、計画段階で立てた戦略の中身は、数字や状況から予測した「こうだろう」という「仮説」に過ぎません。ですから１００％計画通りにうまくいくわけがない、と認識しておくべきです。

私も30年以上マーケティングに携わっていますが、当初の計画通りに進んだことはほとんどありません。

こう言ってしまうと、「戦略や計画なんて立てても無駄だ」「中期計画で決めた通りになったことがない」という声も聞こえてきそうです。でも本当にそうでしょうか。

計画なしで売る、ということは、初めて訪れる場所に、何時に出発すればいいのか、何に乗って、どこで乗り換えればいいのか、目的地にいつ着くのかをシミュレートせずに出かけるようなものです。

戦略や計画なしで売っていくと、さまざまなレベルで「思うように売れない」という現象が生まれます。それは「目標の販売額に達しない」という類いの思惑違いだけではありません。

たとえば、

●理想と違う顧客がついてしまう

- 見込みのない市場で利益が出ない
- ライバルと同じように見られ価格競争に陥る

などの見込み違いが生じかねません。

戦略や計画は、立案した通りに実行することを目指すのではなく、当初の仮説のどこが正しいのか、どこが違うのかを確かめながら改善を繰り返して、できる限り理想やゴールに近づいていくためのものなのです。

逆算して「売れない問題」を解決してみる

「売れない問題」は、会社や製品によって状況も課題もさまざまで、考えるべき範囲は広いものです。

先ほど、マーケティングの戦略はシンプルに立てると言いましたが、現実的にはそれほど問題は単純なものではありません。

この本の到達目標

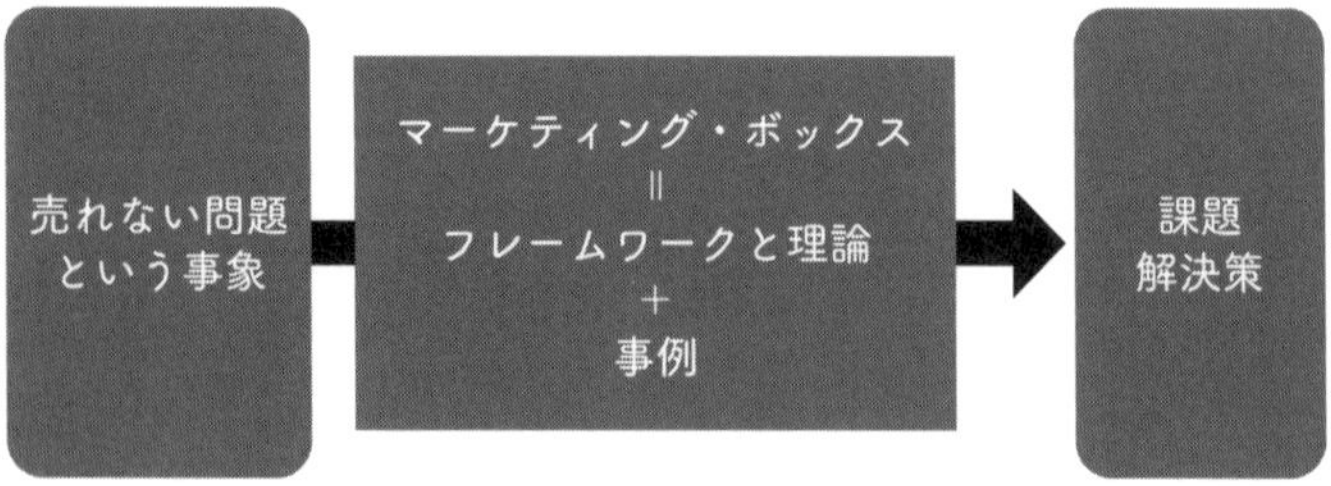

この本では、売れないという事象や現象を、私の経験とマーケティングの理論＆フレームワークという「マーケティングボックス」に放り込み、掘り下げて問題の所在を見つけ課題を形成、解決していくことを目指します。

できる限りシンプルに考えていきたいので、やはりここでも3つの要素だけで考えます。

何を＝プロダクト（Product）
誰に＝ターゲット（Target）
どうやって
＝顧客コミュニケーションの戦略（Communication）

この3つの要素からなる思考法を、本書ではこの3つの頭文字を取ってＰＴＣモデルと呼びます。このモデルをベ

PTCモデル

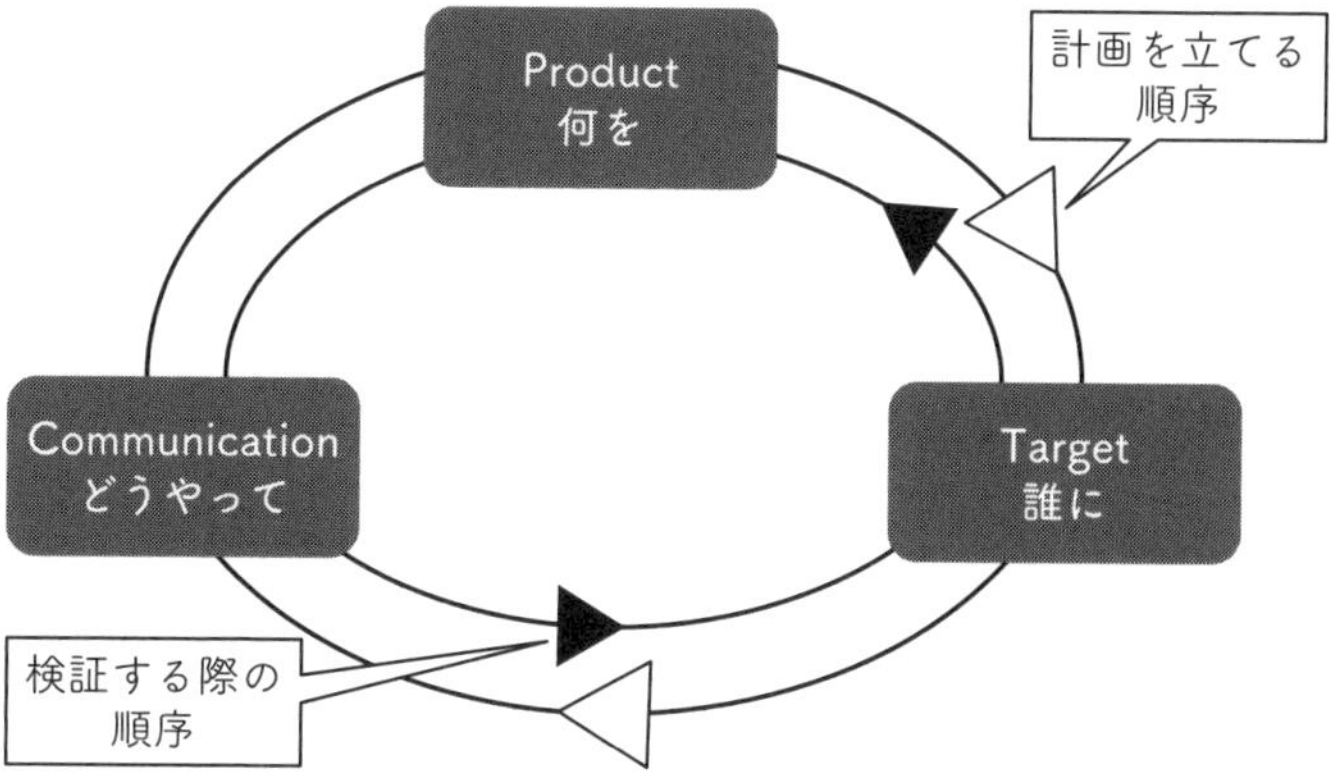

ースに、どこをどう修正するのか、私と一緒に考えていきましょう。

マーケティングは「**①何を、②誰に、③どうやって**」の順で考える、と先に説明しました。しかし、「売れない問題」に直面したときは、お客さまの目に見えている「どうやって」から逆算させて検証していくのです。

つまり、売れない問題は「**①どうやって、②誰に、③何を**」から解剖していくと原因が見えてきます。

さらに本書では、あなたが職場での実務に活かせるように、事例とともに具体的に解説していきます。

マーケティングの思考法は、最終消費財を商品として扱う大企業の経営企画、マーケティング部署だけのものと誤解されがちですが、そんなことはありません。

製造業や商社・卸売業、ＳａａＳなどのＩＴ企業の営業活動なども、「何を、いつ、誰に、いつまでに、どれくらい」届けるのか、という一連の流れで考えます。

特に、ビジネスデベロップメントと呼ばれる販路や新規顧客の開拓営業ではこれらの整理整頓は重要です。

これはまさにマーケティングの思考法です。ＢtoＢ、法人相手の営業や販路開拓にも当てはまるのです。

そして、これがとても大事なことなのですが、**この本では「買い手」の目線で「売れない問題」を解決していく手法**を紹介します。

先にも「顧客にフォーカス」と書きましたが、「売れない」という売り手による問題解決の視点ではなく、「買わない」という買い手側の立場に立って考えます。

顧客の心がどう動いているのか、それに伴ってどんな行動をするのか、という顧客ニーズの発見から、顧客行動の観察、顧客が持つ課題の解決まで考えていきます。

これから、マーケティングのフレームワーク・理論に加えて、さまざまな業界、業種の事例を紹介していきますが、もちろん、読者の皆さんと同じ業界の事例とは限りません。

そういうときに「私には関係ない」と思ってしまうのは、とてももったいないことです。そうではなく、「これはうちの会社にあてはめるとこうなるな」と考えながら読み進めてみてください。

そうした思考のトレーニングをすれば、さまざまな売れない状況にも応用できるようになると思います。

本書が、あなたの「売れない問題」を解決するヒントの一端になることができれば、とても嬉しく思います。

売れない問題　解決の公式　目次

第2章 「買いたい人」は、あなたを知らない

第3章 顧客の心理は、日々変わっている

第4章

「売り物」の価値を高め続ける　219

第5章 仕組みで買っていただく力

第1章

「売れる仕組み」をどう動かしていくか

どんな野菜ジュースを開発すればいいのか

まず、「売れない問題」の解決方法を考える前に、基本を押えておく必要があります。それは「売れる仕組み」を構築するための基本的なコンセプト、さらには「売れる仕組み」を実際の仕事で動かしていく具体的プロセスについてです。

【ここで、いきなり問題！】

あなたは、ある食品・飲料メーカーの商品開発、またはマーケティングを担当しています。

自社の基本コンセプトは、「健康に良く、美味しいものを、手軽に提供する」です。

現在、企画として、顧客の健康的な生活をサポートするための、厳選された素材から生産する「有機野菜１００％ジュース」の新商品を考えています。

自社のコンセプトを具現化し、かつ市場で顧客に受け入れられるには、どのようなプロセスで、どのような商品を生み出し、どのように売ればよいでしょうか。

PDCAを軸に考えてみる

さて、野菜ジュースを市場に投入しようとしたあなたが、なんの手がかりもなく商品開発をして、販売を始めても、かなりの確率で失敗してしまうでしょう。

まずはしっかりした分析と計画、実行のプロセスが必要です。

ここで皆さんにご紹介したいのが、PDCAという考え方です。これは、

P＝計画（Plan）
D＝実行（Do）
C＝チェック（Check）
A＝アクション（Action）

の頭文字をとった概念です。もともとは製造業の品質管理のために生み出されたフレームワークで、ビジネス全般の業務改善や生産性向上などのために使われてきた技法で

図表1-1：PDCA

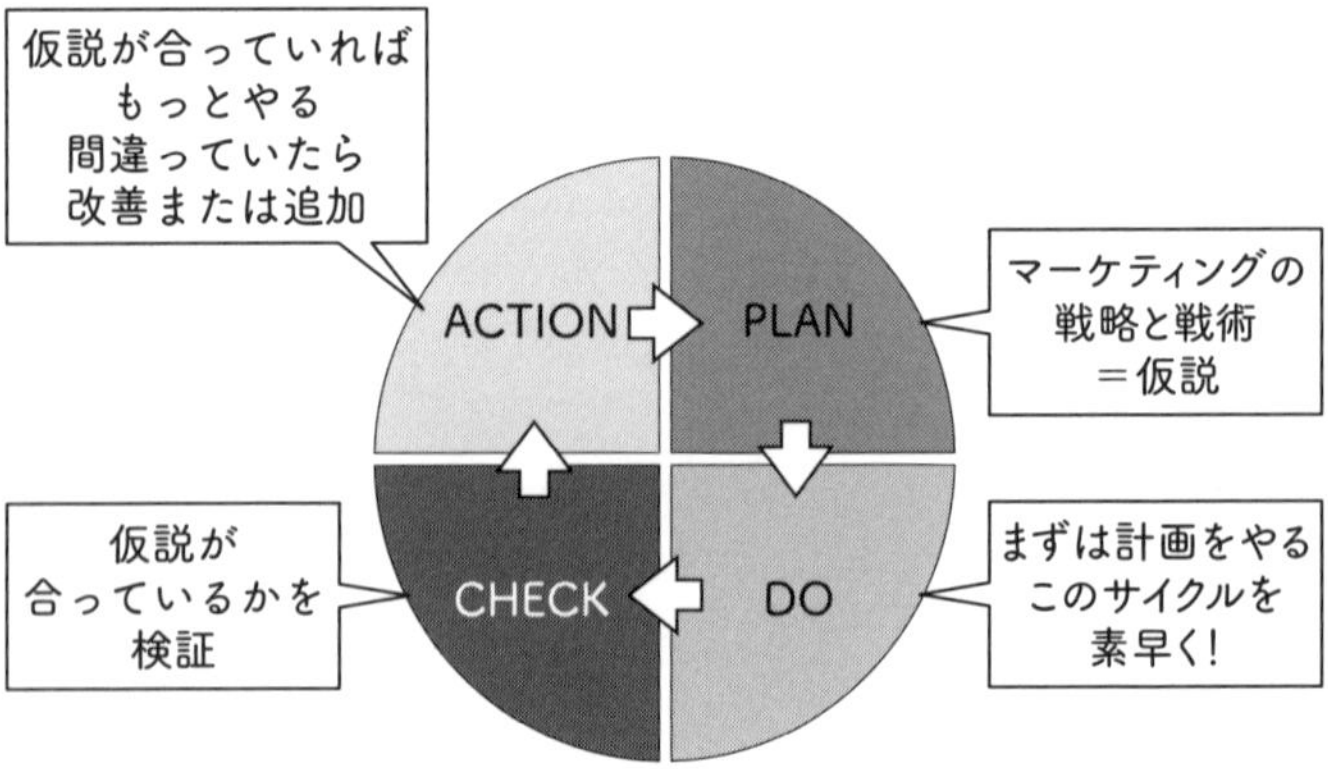
仮説が合っていれば
もっとやる
間違っていたら
改善または追加
ACTION
PLAN
マーケティングの
戦略と戦術
＝仮説
仮説が
合っているかを
検証
CHECK
DO
まずは計画をやる
このサイクルを
素早く！

す。皆さんも、この言葉は耳にしたことがあると思います。

PDCAを私なりの解釈で超シンプルに説明すると、

①計画を立て、
②それを実行し、
③計画どおりにものごとが進んでいるかをチェック（検証）し、
④検証結果にしたがって改善策というアクションを考える、

というプロセス①〜④を繰り返してビジネスの精度を高め、結果を追求するというものです。

もちろん生産現場などだけではなく、マーケティングにもとても有効なフレームワークです。

私は、このPDCAサイクルのP（計画）の部分に、PTCモデル（①何を＝Product、②誰に＝Target、③どうやって＝Communication）を組み込むことにより、「売れる仕組み」をより実践的に動かすことができると考えています。

では、まずPTCモデルを使って、考えていきましょう。

何ごとも「準備」が大切

まずはマーケティング活動のステップをおさらいしましょう。

本書におけるマーケティングとは、リサーチや調査などに限られるものではなく、「売れる仕組み」を作ることです。

売れる仕組みを作るには、

①何を、②誰に、③どうやって

の順で考えると説明しましたが、このＰＴＣモデルによる戦略立案のプロセスを含めて、大きく３つのステップで、マーケティング活動は実践されていきます。
次のようなものです。

❶準備、❷戦略、❸実践

マーケティング活動の中心は、戦略を立案し、確実に実行することです。
理央流のＰＤＣＡサイクルで言えば、戦略と実践がＰとＤのプロセスにあたります。
戦略をできる限り正しいものにしたいので、その前段階でしっかりと準備をします。

準備すべきことは、

・自社がビジネスをすべき市場の動きや消費者、顧客層の変化／情報を集める

・情報などの分析により、気づきを洗い出す

といった具合で必要な情報を集めて、正しく分析することです。マーケティングに生かすことができる情報、考えるべきテーマについて、新製品を出すときや、新規事業を始めるときを例にとってリストアップしてみます。

【集めるべき情報】

・市場の大きさはどれくらいか？（過去・現在・未来）
・市場における売れる機会（チャンス）がどこにあるか？
・その市場に自社が強みを発揮できるターゲット層がどれくらいいるか？
・どんなライバルがいるのか？
・ライバルはどんな方法で、どんな手を打っているのか？……

【考えるべきテーマ】

・市場は攻めるに足る大きさがあるか？

- 今は小さいけれど伸びる市場に出るのか？
- ターゲット層にとって自社の製品やサービスは独自の価値があるか？
- そのときにライバルはどんな手を打ってくるのか？

準備段階で大事なのは、狙いを定めた市場で、どうやったらライバルに自分たちが勝てるのかを見極めることです。

競合（ライバル）より優位に立てる強み、顧客に価値があると認識されるポイントが生かせる市場か、を調べるということです。

市場で勝つということは、「売れるか」どうかに加えて、「十分な利益が出せるか」という点に着目することも重要です。

営業やマーケティングに携わっていると、つい「売り上げ」の規模ばかりに気を取られ、「利益を出すこと」を忘れがちです。

しかし、利益を出せない事業には持続性（サステナビリティ）がありません。

どんなに素晴らしい事業、製品、サービスでも持続性がなければ、顧客に価値を提供し続けることができません。結局は、顧客のためにもならないのです。利益が出るかどうかにも、気をつけたいところです。

では、市場で勝つ野菜ジュースのプロセスを見てみる

では、「健康をサポートする野菜ジュース」の問題について、どうやって商品開発をするのか、仮定のプロセスを見てみましょう。

【準備① 情報収集と分析】

あなたの会社の定番の野菜100%ジュースに、新製品を追加しようとしています。

健康志向が高まり、そのための製品群が投入されるのは安定した市場だ、同時に男性が野菜ジュースを飲む傾向が高まっている、という情報があります。

一方で、ユーザーの調査結果から「時間がないが健康でいたい」という課題を持っている層が増えている、と分析で気づきました。

【準備②　市場機会の理解】

そこで、「時間をかけずに。健康になれるなら、お金は出す」という男性たちをターゲットにした市場は、これから伸びる有望な市場だ、と定義します。

【準備③　成功要因の設定】

健康のための野菜ジュース市場で、製品を購入する人たちに対しては、新製品を導入すれば、多少高くてもお金は出すだろう、またライバルたちは男性に特化した製品を出していないので差異化もできる、といった具合で設定します。

この「勝てる要因」は市場の変化やライバルの動向によっても変わるので、変化に応じて、常に見直すのが成功ポイントです。

また、この段階では、市場機会と成功要因は、あくまで「大枠」で認識すれば十分です。

売れる仕組みを具体化してみる

ここまでやったら、いよいよ「戦略」です。

これは「①何を、②誰に、③どうやって」でした。

大事なことなので何度でも繰り返しますが、ここでのポイントは、①から③の順で考えることです。

多くの失敗は、「今注目されているZ世代に売りたい（誰に）。では、何をつくろうか（何を）」など、なんのためにビジネスをするのかが置き去りになったまま、製品を企画するために発生します。

「自分たちは、どんな価値を生み出せるのか」、「その価値を社会（顧客）に提供するには、どうすればよいのか」という商売の王道を決して忘れないことです。

では、具体的に考えてみましょう。

【何を＝売り物】　差異化・独自化できる製品やサービスに特化すること
【誰に＝売り先】　売り物が響くターゲット層を明確に決めること
【どうやって＝売り方】　売り物の本質を売り先に「伝え」顧客を「動かす」こと

誰もが欲しがる製品などはありません。あなたの商品（サービス）を求めていない人は決して顧客になることはないのです。あなたの製品に響く人たちを見極めてからその人たちに「どうやって」買ってもらうのかを考えるのです。

では、課題の野菜ジュースをベースに考えてみましょう。

【何を】　自社の強みである「100％有機野菜ジュース」について、ビタミンやミネラルの成分を全面に出した新製品「100％＋α」を少し高めの価格設定で開発する。原価率が高くなってもよいので、優れた素材を厳選して使用し、販売価格を高めに設定

【誰に】　健康志向でジム通いをしているような可処分所得が高く、都心に勤めている

男性ビジネスパーソンをターゲットと設定する

【どうやって】　まずは話題性を喚起して認知度を上げ、同時に試飲を促すプロモーションを展開する

このような具合です。

この3つの戦略がはっきりしたら、具体的な「行動計画」を作ります。

まずは、原材料として採用する野菜の産地をアピールした、ブランド力の構築を考えました。

キャンペーンとしては、ターゲットの世代に好感度が高い男性俳優を起用して、商品投入後の当初3カ月はマス媒体と動画配信サイトを中心に展開することにしました。

販路はコンビニエンスストアを中心に、ECサイトも強化します。

発売後4カ月からはまとめ買い促進案を作成して、スーパーマーケットやドラッグストアにも展開する、といった5W2H（誰に、何を、どうやって、何のために、いつ、どこで、どれくらいの規模で）を具体的にしていきます。

戦略を立てたら、ひたむきに実行する（PDCAを回す）

さて、ここで再びPDCAサイクルに話を戻します。

ここまで説明してきたのが、PTCモデルをベースにした戦略立案のプロセス、つまりP（計画）にあたります。

そして戦略を決めたら行動計画に沿って動きます、つまりDです。

商品投入後当初は、とにかく計画に沿ってひたむきに、そして素早く実行することが重要です。

先に、「努力の投入量ばかりを指摘するマネジャー」について書いているため、矛盾しているように聞こえるかもしれませんが、世の中で起こっている失敗の多くは、

Dが不十分、つまり本気で実行していないからです。

私のマーケティング講座を受講された方で、成功される方は、立てた計画にしたがっ

て、すぐに、そして懸命に実行される方です。そして、そういう方は残念ながら少数派です。

なぜ、しっかり実行することが大切か？　言うまでもありませんが、行動しなければ何も始まりません。動かないと成功確率が極端に下がるのは当たり前なのです。

また、しっかり実行しなければ、当初に立てた計画（P）が正しいのかどうか、適切な判断ができないために、次のC（チェック）のプロセスで検証することができません。

目標は、「普通の努力」で達成できるものにする

「売れない状況」を解決するためには、素早く原因を突き止め、どこをどう直せばうまくいくのかを見極める必要があります。

この場合の目標値、すなわちKPIは、「いいものができた」「うまくいった」というようなモヤっとした抽象的な事柄ではなく、客観的に測定ができる「数値」を設定していくことが必要です。

なぜなら、目指すべき目標値（ＫＧＩ＝キー・ゴール・インディケーター）はこのＫＰＩの足し算、引き算、掛け算、割り算のどれか、または組み合わせだからです。

たとえば、年間の売上目標額は、月額目標を足し上げたものですし、生産性は総額を人数で割り算した数ということになります。


ここで言う目標（ゴール）は、「初年度の出荷が２００万ケース」など一般的には数値目標で表現されます。ただ、ビジョンを明示してチームを奮い立たせるという意味で、プロローグで挙げたような抽象的な理想を含んでいてもいいと思います。

ＰＤＣＡのＰと聞くと「計画する」ことだと思い込んでいる人がいますが、計画を立てる前段階で、ゴールと目標値（ＫＧＩ）を明快に定めた上で計画を立てることが成果につながるカギになります。

注意すべきは、「普通の努力」で実現できる目標値を設定することです。

たとえば、これまでの人員と予算で年間５０００万ケースが平均だというところに、「初年度出荷１億ケース」という壮大なＫＧＩとを立ててしまうと、マンパワーや予算に必要以上に負荷がかかってしまいますし、「そんなの無理だ」とモチベーションが下がり、誰もしっかり実行（D）をしないからです。

「10年後、どうありたいか」から逆算して考える

フォアキャストとバックキャストという言葉が最近のビジネスの世界では、よく取り上げられます。

シンプルに説明すると、フォアキャストとは、現状を起点としての未来がどうなっているかと先を推測・予測することです。

逆に、バックキャストとは実現したい未来を先に設定して、実現するためには、今から何年目までに、何をすることが必要かと逆算する思考です。

PDCAにおける計画を立案する際に、現在の立ち位置から市場がこうなるとフォアキャストして、そのときの「こうありたい将来」を設定し、そこからバックキャストして、**いつまでに、誰が、何を、どのようにすべきか**というステップで立案します。

市場参入の初年度に、出荷1億ケースがとても無理だとしても、5年後にそれを目指すというのであれば、実現するための市場環境の変化をフォアキャストしつつ（グローバル展開の視点も必要でしょう）、5年後の達成に向けて、3年目までには販売シェアを50％とる、そのために1年後には2000万ケースを売る、とバックキャストしていく、といった具合です。

ここでまたPDCAのDに戻ります。**Dで大事なことはとにかく「やる」こと**です。適切な目標・行動計画を定めたら、あとは素早くひたむきに実行するしかないのです。

そして実行する際に大切なことは、**何を、どれくらい実行したのか、しっかりと記録しながら実践する**ことです。

ここで記録をしておかなければ、やったらやりっぱなしになり、計画が正しかったかどうかを、後で振り返ることができなくなります。

新しもの好きな私が新人のころは、楽しそうなキャンペーンを企画して、実施するもののレビューすることなく、次年度の計画を立てていました。

これでは、成功や失敗が次に生きないのです。

この実施した結果を振り返り、なぜ達成できないのか、またはなぜうまくいったのかを検証（チェック＝C）することになります。

その検証が、「売れない問題」の出発点となり、次の一手を入れ込んだ（アクション＝A）、新たな計画を立てることにつながります。

これが、本書の重要なテーマの1つであるPDCAを回す、ということですが、計画の中核に「何を、誰に、どうやって」の戦略（PTCモデル）を入れ込むことにより、成果につながる、より実効性の高いビジネスが実行できるのです。

「売れない問題」の本質は江戸時代と変わらない？

では、「売れる仕組み」の構築について、一通り学んだところで、次に「売れない問題」について考えてみましょう。

私流のPDCAサイクルで言うところのP（計画）で立てた仮説を、C（チェック）の段階で検証するプロセスです。

この本を読んでくださっている皆さんだけでなく「売れない」という問題を抱えている人は数多くいます。

その「売れない」の状況の中身は、新型コロナ感染症の影響やＩＴの進化もあり、幅も広く種類もさまざま、内容もまったく新しい事象のように見えます。

ところが、売れないことを気に病む方々から聞くのは、先述したように、「新しい顧客ができない」「売り上げがジリジリ下がってきている」「今までの広告が効かなくなってきた」など、多くは一定のカテゴリーでグルーピングできるような「一般的なお悩み」がほとんどです。

私が聞いて、「このお悩みは特殊だ！」と驚いた経験はほとんどありません。

テクノロジーの進化や、グローバル化、少子高齢化などによって、社会構造は大きく変わってきています。これは間違いありません。

そして毎日のように、ＳＮＳやネットニュースから雑音が続々と入ってきます。マーケティングをはじめビジネス分野に関しても、次々に新しい手法が生まれ、紹介されていきます。

サブスクリプション（サブスク）、カスタマージャーニー、コンテンツ・マーケティング、マーケティング・オートメーション（MA）……ビジネス情報として紹介される新しい考え方や手法は、英語ばかりで、どこか「ややこしい」印象をお持ちの方も少なくないと思います。

そのためか、売れない現状は「実は一般的なお悩み」なのに、これまでとはまったく違った状況なのではないか、何か新しいことをしないと解決できないのではないか、という誤解をされている人が数多くいます。

でも、よくよく考えてみると、たとえばサブスクは新聞や牛乳を毎日配達してもらうのと同じことですし、MA（マーケティング・オートメーション）だって江戸時代のころも商人が使っていた大福帳による顧客管理をIT化・DX化したものと大差はありません。

つまり時代はどれだけ移ろおうが、商売の本質は、変わっていないのです。

極端ではありますが、「売れない問題」も、おそらく江戸時代の商人たちが悩んだ問題と本質はそれほど大きくは違っていない、と認識するくらいでよいでしょう。

注射器は100年以上、大きく形を変えていない

マーケティングの守備範囲領域が、広く複雑になってきているのは確かです。

クラウドサービス、ＳａａＳの発達などにより、ＩＴ関係者だけでなく、多くの業種の顧客やエンドユーザー側も「ＩＴを使うこと」に抵抗感がなくなってきました。

それによって、営業とマーケティングの垣根、役割分担もシームレスになってきています。

同時に、市場やビジネスの変化のスピードが速く、変わる頻度も高まっています。

それにともなって、仕事の仕方についての考え方、認識も変わってきています。たとえば、本章でご紹介したPDCAはもう古い、今はOODA（観察してすぐにやる手法）の時代だといった意見も耳にします。

また、ロジカルシンキングには限界がある。これからは、ラテラルシンキング、デザイン思考の時代だなどという声も聞こえてきます。

OODAは何か、ラテラルシンキング、デザイン思考とはどんなものか、という詳しい説明は本書の役割を超えるので、あえてしません。いずれも有効なビジネス技法、思考であることは間違いありません。興味のある方は、ご自身で調べてみてください。

それはさておき、はたして古いものは役に立たないから、新しいものをやろう、という考え方は一律に正しいのでしょうか？

不易流行という言葉があります。簡単に言えば、変化しない本質を忘れない一方で、新しく変化していくものも柔軟に取り入れていくことも大切な本質だ、といった意味です。

これはまさにビジネスで使える考え方、フレームワークも同じことです。

優れたものは、優れているから使われてきた。これは100年以上も、その形を大きく変えていない注射器と同じです。

しかし、その注射器だって、材質や針の精度など、技術の進化にともなって、いろいろとチューンアップされ、性能は飛躍的に向上しているはずです。

ビジネスにおける思考技術も、先人たちが使い成果を出してきた手法を使わない手はありません。状況に応じて、新しいアプローチを取り込んでいけばいいだけです。

PDCAは現在のビジネスでも、立派に役立つ手法です。ですから、今も多くの企業、ビジネスパーソンが使っているのです。

売れないピンチこそ、基本に立ち返って考える

先にマーケティングの戦略を立案する方法をご紹介しましたが、確かにPDCAのPには一定の時間がかかるので、現在のビジネス環境の大きな変化に対応できないといっ

た問題が取り沙汰されます。

そこからOODAがいい、いやSTPD（See, Think, Plan, Do）だ、といった議論が出てきました。

すべてのビジネスに、それぞれ特徴があるように、ビジネスの手法にも得手・不得手があります。

たとえば、STPDのサイクルでは、Pの前に現状をありのままに（予断＝先入観なしで）観察して（S）、解析する（T）プロセスが組み込まれています。

これは合理的な思考法です。先に説明した「売れる仕組み」づくりの「①準備」に近い考え方と理解してください。

いろいろな手法はあるのですが、ここではPDCAをベースに、必要に応じて最近の手法の良いところを取り入れつつ解説します。

まずは、売れないときこそ基本に戻って「何が間違っているのか？」を検証することが大切です。

時代がどう変化しようとも、商売の本質として不変なのは、**「顧客のニーズを自社の製品で解決すること」**です。それによって「顧客を動かす」ことを目指します。

ここで言う「顧客を動かす」とは、顧客が「検索する・調べる」「問い合わせの電話をする」「店に行く」「買う」……といった行動を起こしてもらうことを目指します。

結果には必ず原因があります。

「売れない問題」を解決して売れるようにするには、「なぜ売れなかったのか？」というアプローチで考えるのではなく「なぜ顧客が動かなかったのか？」についての原因を突き止めることが最初の一歩です。

立てた計画・戦略にたち戻り、不調に陥ってしまった原因を見つけ、改善するのです。

そこで基本になるのがＰＤＣＡとなるのです。

なぜ思うように「売れない」のかを分析する

話をＰＤＣＡサイクルに戻します。

しっかり実行したら（これが大前提です）、その結果、効果を数値化して検証（チェック）して、改善（アクション）を行います。

これはＣとＡのプロセスになりますが、この段階において、当初計画に対して、何が問題なのかを発見する方法を、ＰＤＣＡサイクルにＰＴＣモデルを入れ込みながら説明します。

まずはＰＤＣＡサイクルのＣ＝検証（チェック）については、たんに結果の良し悪しを判定するだけでは十分ではありません。

まず考えるべきは、Ｃ＝検証（チェック）の目的です。

検証する目的は、立てた仮説が正しかったかどうかを、量的と質的の２つのアプローチで検証します。

①【量的】数値として客観的に、②【質的】数値以外の感覚的な成功・失敗の要因を

主観的にといった具合です。具体的には、次のようになります。

- **実行の結果と、計画との結果の差異はあるか（上振れ、下振れ問わず）**
- **その差異は因数分解したKPIのどれが間違っていたのか（量的アプローチ）**
- **なぜ、その差異は生まれたのか**
- **そもそも計画や戦略は適切だったのか**
- **計画どおりに実行できていたのか（質的なアプローチ）**

当初に立てた計画＝戦略は、あくまで「仮説」ですから、計画通りにものごとは運んでいなくても、まったく問題がありません。

たいていの場合は、目論んでいた結果が出ないものなのでむしろ「**結果が出なくて当たり前**」なのです。なので「さあ、次に何をしよう」と前向きにとらえればいいのです。

重要なのは、

起こった事象を適切に検証し、改善すれば結果が出せるのかを考える

このポイントに尽きます。

そして、この検証の段階で仮説と結果にギャップを発見したら、次は質的な側面をもう少し深掘りしていきます。

プロローグで紹介したように、

①どうやって、②誰に、③何を

という、いわばPの計画立案のときとは逆に質的な深堀の検証をしていくのです。

行き当たりばったりで、問題解決をしてはいけない

なぜ「①どうやって、②誰に、③何を」の順番で、「売れない問題」を検証するのが効果的なのでしょうか？

頑張りすぎてしまう人は、どうしてもビジネスが不振に陥った場合、資源の投入量や訪問や電話の回数といった行動量（努力の投入量）を増やすことによって問題を解決しようとします。

たとえば、期待の新商品、健康に良い野菜ジュースの出足が不調だったとしましょう。その際、多くの現場で展開される「打開策」は次のようなものではないでしょうか。

「消費者の認知が足りないんだ、もっと広告を大きくバーンと出そう」
「店頭での露出が足りないんだよ、営業は大手スーパーへの売り込みを強化せよ」
「ネットでの認知が足りないから、ＳＮＳを使ってコンテンツマーケティングを展開だ」

どうでしょう、心当たりがありませんか。実は駆け出しの頃の私もそうでした。

ここで勘違いしてほしくないのは、地道な努力や根性による行動を否定しているわけではないということです。

売るということはとても大変な仕事なので、頑張りがなければうまくいきません。

また「結果が出ないビジネス」の大半は、「実行の不足」ですから、これらの施策が、それぞれ間違いだとは言いません。

大切なのは、**「思いつき」レベルの対策を実行しても、成果につながる可能性は高まらない**という点です。

ここでのポイントは、努力の投入量以外にも改善ポイントが多くあると認識すること、そしてそれを見つけ改善案を考えることにあります。

できる限り多面的にヌケモレなく、同時に合理的に仮説を検証し、次のアクションを考えていこうということです。その際に、計画の立案プロセスとは逆回転で検証していくアプローチをとるのです。

もともと「①何を、②誰に、③どうやって」という順番でマーケティング戦略を考案します。これは、「③どうやって」については選択肢が多いので、最適な戦略にするには、「①何を」「②誰に」の2つを徹底的に考えてから③の精度を上げるためです。

ですから、この3つの戦略の中で順序の下流にいくほどに計画のブレは大きくなります。

また、顧客の目に触れるのは「③どうやって」の部分なので、ここが間違っている可能性が高いのです。現実的には、企業にとって①の売り物を変えるのはとても大変なことだということもあります。

つまり、「どうやって」が最も改善すべきポイントである可能性が高く、次に「誰に」、そして最後に、それでもまだ改善すべき点を考えなければならないなら、「何を」に立ち返る、という順に真の問題が潜んでいることが多いのです。

これが、「**①どうやって、②誰に、③何を**」

図表1-2：PTCモデル

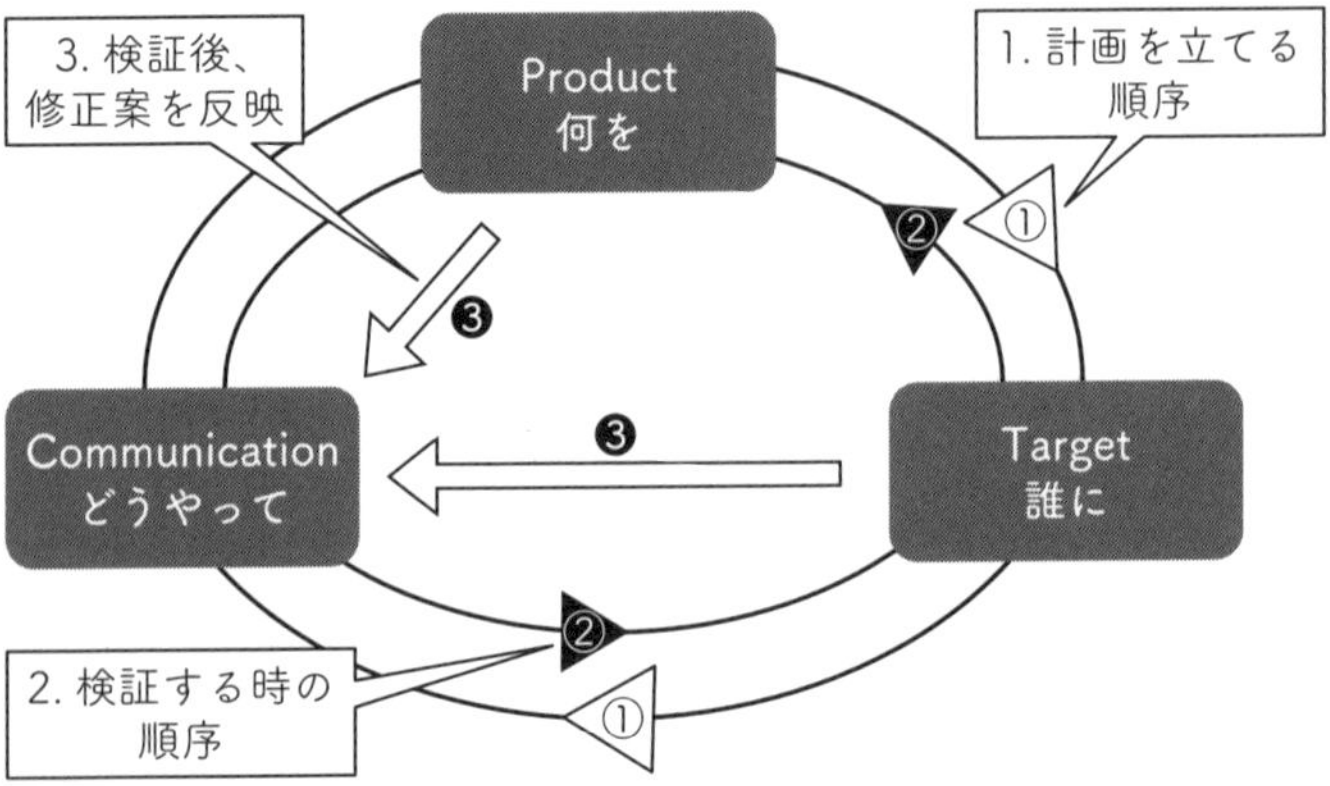

の順で検証、改善ポイントを考案しようという理由です。

私の経験では、多くの人が「売れない問題」に直面した場合は「どうやって」から手をつけようとします。これは、あながち間違いではないのです。

ただし、多くの人が「どうやって」に手をつけようとするのは、それが手をつけやすいからです。

しかし、「誰に」と「何を」が間違っていて、ここを改善すれば売れる場合が多いのも事実です。

そこで表層だけで終わらせることなく、理にかなったステップで、打ち手、改善点を考えていくことで、次の一手をより良いものにしていくのです。

それぞれの検証、改善策のプロセスについては、次章以降で順々に説明していきます。

「すぐやる」と「しっかり決めてからやる」の違い

本章の最後に、ＰＤＣＡサイクルを回していくうえで、留意すべきポイントについて考えます。

PDCAサイクルは不思議です。

それぞれ、一連の「流れ」として機能するフレームワークなのですが、D（実行）とA（アクション＝改善）は、いずれも「行動」という面では、同じようなプロセスに見えます。

これについては、私は次のような理解でビジネスを進めています。

D＝実行は、すぐやる、とにかくやる

A＝アクションは、検証を踏まえて、改善案を決めてやる、または不要なことをやめる

PDCAサイクルを図として表すと、たいていの場合は、図表1―1のようにすべてのプロセスが同じ間隔として表現されます。

しかし、これは私がビジネスを実践する実感とは異なります。

計画から、実践、検証、改善の時間軸、スピード感はそれぞれのプロセスでまったく

異なるのです。

チェックは小説の行間を読む要領

具体的には、こうです。

計画のうちにある「仮説」が適切かどうか、これをすぐに検証して「次の一手」を考えることが大事です。

だから、**PからD、Cに至るサイクルはとても短くなる**べきです。P（計画）で立てた仮説をいち早く検証するというスピード感を大事にしなければなりません。

そのため、ＰＤＣＡは真に等分の円形ではないのです。

新製品の市場導入や新規事業をスタートさせる際には、ほとんどの場合、テストマーケティングをします。

私の経験でも、タバコの新しいブランドを市場投入する際には、いきなり全国発売せずに２つの都市で先行販売をしてデータを取りました。

ジュピターテレコムやアマゾンなどのＩＴ企業では、オンラインを使えるので、よりテストがしやすいという環境にありました。

特にＩＴ業界では「完成品」というものがなく、製品をリリースしてからも永遠に改善改良を繰り返していく「永遠のβ版」という考え方をします。

印刷物なども今はオンデマンドによって少部数だけ刷って地域限定で配布し、その後大量に印刷し全国展開ということもできます。業種や業界、企業規模に関わらず小さく生んで大きく育てることはできるのです。

この検証、改善が正確に、しかもやりやすい時代になったために、Ｄを素早くやり、検証、解析改善につなげ、高速でＰＤＣＡサイクルを回すようにするのです。

その肝心の検証、チェックのポイントは、最初に描いた完成形とどれくらい違うのかをイメージします。

これは小説で行間を読み取るように、数字と数字の間に隠された「売れる秘密」を嗅ぎ取りたいところです。

ここで気をつけたいのは「**いつもよりも売れた**」「**計画より売れた**」**という場合には、**

それがなぜなのか、念入りに検証します。

私もそうでしたが、人は計画よりも売れないときには、必死になって「なぜ売れなかったのか」を分析します。しかし、計画より売れたときは「よかった、よかった。飲みに行こう」などと分析を怠ることがあります。

実は、これはとてももったいない話です。なぜなら、予定を上回った要因が分かれば、次に生かして売り伸ばすことにつながるからです。

なぜラスクは水曜日によく売れたのか

行間の読み取り方と、良いときに分析する理由を、事例で説明します。

古い話で恐縮ですが、10年ほど前に私がコンサルティングをしていた製パン会社の事例を紹介します。

当時その会社は、自社で作ったラスクを楽天市場でも販売していました。毎日数字を検証していたら、あるとき楽天での売り上げが、なぜか水曜日だけ他の曜日より少し多いことに気づいたのです。

よくよく調べてみたら、楽天市場では毎週水曜日に、前週の週間売れ筋ランキングを発表していました。多くの楽天ユーザーは水曜日に楽天市場に来店するので、そのときにこの会社の店にも立ち寄って買ってくれていたようなのです。

このように、数字と数字の間には何か「意味」があることが多いのです。その隠された意味は、普段と違うこと、このケースのように「いつもより多く売れている」といった変化の中に潜んでいるのです。

仮説の検証というのは、設計図があるプラモデルとは違い、ブロックでお城を作るようなものです。

バラバラのブロックを使って、2階建ての家を作りたいときに、組み立てている途中で、縦横が合わなくなったり、ブロックの数が足りなくなったりします。そのときに、違う色のブロックを代用するとか、当初の形と変えてみるという作業に似ているのです。

たとえば、これまではユーチューブからホームページに誘導すれば目標値を達成できていたが、ショート動画が流行ってきているので、TikTokでの広告を追加する、といった具合です。

図表1-3：本当のPDCAとは

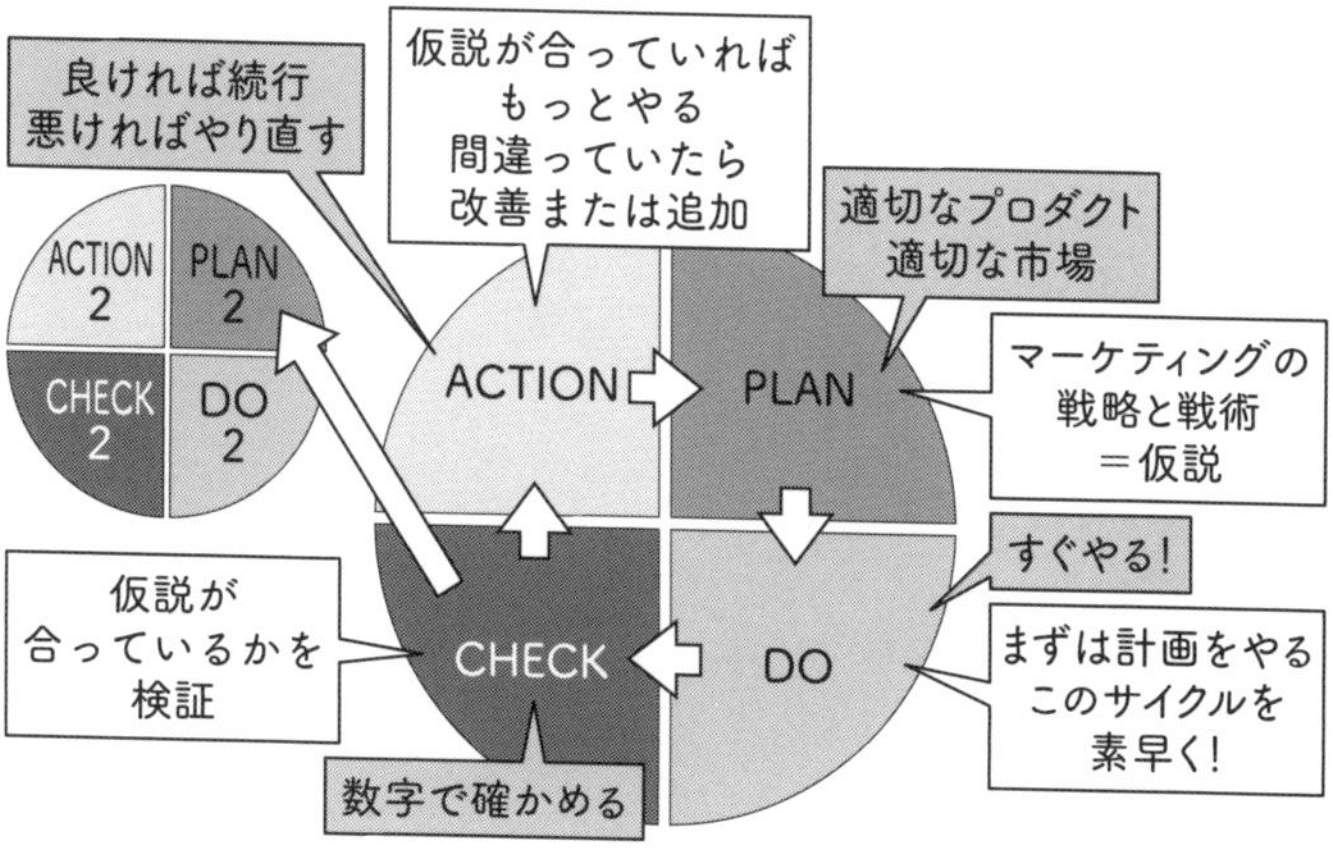

仮説（計画）を立て、実行するのは、仕事としてきちんと取り組める人は多いのですが、その結果を検証することをサボっている人が意外に多いのも事実です。

以前、私も企業研修のときにアンケートを取って調べてみたのですが、「面倒だから」といった理由で検証をしない人が多かったことを覚えています。

「売れない問題」が発生しているのに検証をせずに改善策を打つと、失敗のリスクを高めますが、「売れている」のに、その機会を見逃すことも同じような損失です。

先ほどの野菜ジュースの例であれば、発

売当初から計画より多くの消費者が購入したとしましょう。この際、「ああ、よかった」で終わらせず実行の際に、しっかりデータを取っていれば、「ターゲットとしている高収入の男性だけでなく、女性も多く買っていた」など、期待を超えた情報が手に入るでしょう。

そうすれば、新たにビジネスを拡大させる打ち手も見つかる可能性が高くなります。上方修正をすることを忘れ、売り逃しを発生させてしまうのは、とてももったいないことですが、いろいろな場で頻発しています。

そう考えると、ＰＤＣＡサイクルとは、純粋な丸い円を循環するというよりも、図表1－2にあるように、チェックの段階で上手くいかなかったときには、次のＰを考えて、それはそれで回すという「ＰＤＣＡ２」を発動させることも大事なのです。

あなたは何型の人ですか

話は少し、それるのですが、私がこれまでビジネスを展開してきて気づいたのは、すべての人は「型」に分類できる、ということです。血液型ではありません。PDCAのそれぞれのうち、どれが得意か、という切り口で類型化できるのです。

まず大別すると、思考型（PやCが得意）と行動型（DやAが得意）の人がいます。「自分はこちらだ」と思い当たる面がありませんか？　ちなみに私は完全に思考型です。

この得意、不得意は、人間の個性ですから、普通に仕事をしていれば自然に出てきてしまうでしょう。

そのうえで、私がこれまで仕事で出会った方々をもう1段階分類すると、次のような「型」に分けられそうです。

●**P型**　（PDCAではなくPPPP）情報収集や計画立案が得意。ただしプランを立てるだけで終わる「計画倒れの頭でっかち」型の面があります。

●**D型**　（これはDDDDでしょうか）とにかくやる、実行力の人。ただし、当たれば大きいがはずれも多い「当たるも八卦」の情熱先行型という側面もあります。個人的には好きです。

●C型　（CCCCです）とにかくチェックだけをする人。斬新なアイディアをつぶす「重箱の隅をつつく」型。C型気質だけだと、若い芽を摘んでしまうこともあります。かつて私の上司にいて辟易《へきえき》したこともあるので、私はこうならないように気をつけています。

●PD型　（PDPD）プランを立てて実行します。ただし、やりっぱなしの面があり、うまくいくこともあるけれど、行き詰まりもあるパターンです。PD型の人の仕事は、うまくいっても、その人の頭の中にしかプロセスが残らないので、会社やチームに知見が蓄積されない面があります。会社員としてマーケティング担当者だったころ、私自身がこのPD型に陥っていたと感じます。

●PDCA型　会社員時代も今研修やコンサルティングで入っている企業でもやはり、成果を出しているリーダーはこのタイプに分類されます。PDCAを回せるように、チームメンバーをマネジメントするときにも必要になるからでしょう。

たとえば、本書冒頭に登場した食品メーカーの鈴木さんと佐藤さん。鈴木さんは、計画は立てても検証がゼロ。典型的なPD型な一方、佐藤さんは、立てた仮説を検証し、結果が良ければさらにアクセルを踏みます。失敗しても原因を考え、改善するか、別の案を考えてやり直します。ＰＤＣＡ型の基本に則った仕事ぶりです。

私自身の反省も含めて、仕事を進める型というのは自分一人では修正できません。一人ですべてをうまくやろうと思ってもなかなか厳しい面があります。「自分は何が得意で、何が苦手なのか」を自覚して足りないところを補うことが大事です。

また、あなたが組織を統率するマネジャーの立場にあるならば、Ｐ型の人の行動を補うために、積極的に動けるＤ型の人と組ませたり、Ｄ型の人には、きちんと計画を立てるＰ型の人をつけて行動の裏付けをつくるなどの工夫をするとよいでしょう。

私の経験では、Ｐ型とＤ型、正反対の性格・価値観の人同士を組み合わせると生産性も上がるし、多様になるぶん、画期的なアイディアが生まれます。

「買う物、買う人、買い方」の視点を忘れない

さて、次章から「①どうやって、②誰に、③何を」の順で、「売れない問題」に具体的

に向き合っていく方法を考えていきます。

つまり、検証をする際は、計画を立てるときと逆の順にチェックをしていくのです。

この章の最後に、「売れない問題」の本質は顧客の「買わない問題」であることを再度強調しておきます。


何度も言われてうんざりかもしれませんが、いろいろなビジネスの現場を見ていて実感することがあります。

多くの方が当初は「顧客視点」が大切であることを認識しながら、いざ具体的な問題に直面して、解決策を考えようとすると、自分の商品（サービス）はなぜ「売れない」のか、という「自社視点」に戻ってしまうのです。

顧客が目の前にいる場合は、なんとか意識することができても、目に見えない潜在的な顧客について計画を立てる際には無意識に「うちの会社は」となってしまうのです。

「売れない問題」の原因は、もちろん「売り物・売り先・売り方」のどれか、あるいは組み合わせが間違っているからです。

今までうまくいっていたのであれば、「売り方」がズレてきた。
新規顧客が取れないのならば、対象とする「売り先」が間違っている。
「売り物」に問題があるのであれば、Aという商品をやめ新しくBにするのは難しいので、付加価値をつけてA＋αにすればいい、といった具合です。

もちろんこれは正しいです。ただし、「売れない問題」をもっと深掘りして、真の問題をあぶり出すときには、考えるときの主語を「うちの会社は」ではなく、「顧客は」で考えたいところです。

なぜなら、**マーケティングはそもそも、顧客が持つ問題を解決すること**だからです。
「売り物・売り先・売り方」ではなくこう考えていくと本来は「買う物・買う人・買い方」という表現が正しいでしょう。

しかし、この表現では理解しにくいので便宜的に「売り物、売り先、売り方」で統一します。

「売る・売れる」と「営業・マーケティング」の小さくて大きな違い

いきなり顧客視点で考えろと言われても、「そんな簡単にできないよ」「どうすればいいのかもわからない」というのが本音だと思います。

人間は変化を嫌う生き物らしいので、そう簡単にはこれまでの習慣や考え方を変えるのは難しいでしょう。それならば、まずは「売る」と「売れる」の違いを考えるところから始めましょう。

これは、営業が売るときの目線（売る）とマーケティングが市場の中の誰が買うのかという目線（売れる）との違いと認識してください。

営業は、自社の製品やサービスを個々のお客さまに提案し商談を経て「売る」という活動です。

野菜ジュースの例で考えると、営業はコンビニやスーパーといった小売店に「うちの新製品を取り扱ってください」と働きかけます。ですから、主語は「うちの会社」になります。

図表1-4：営業とマーケティングの関係

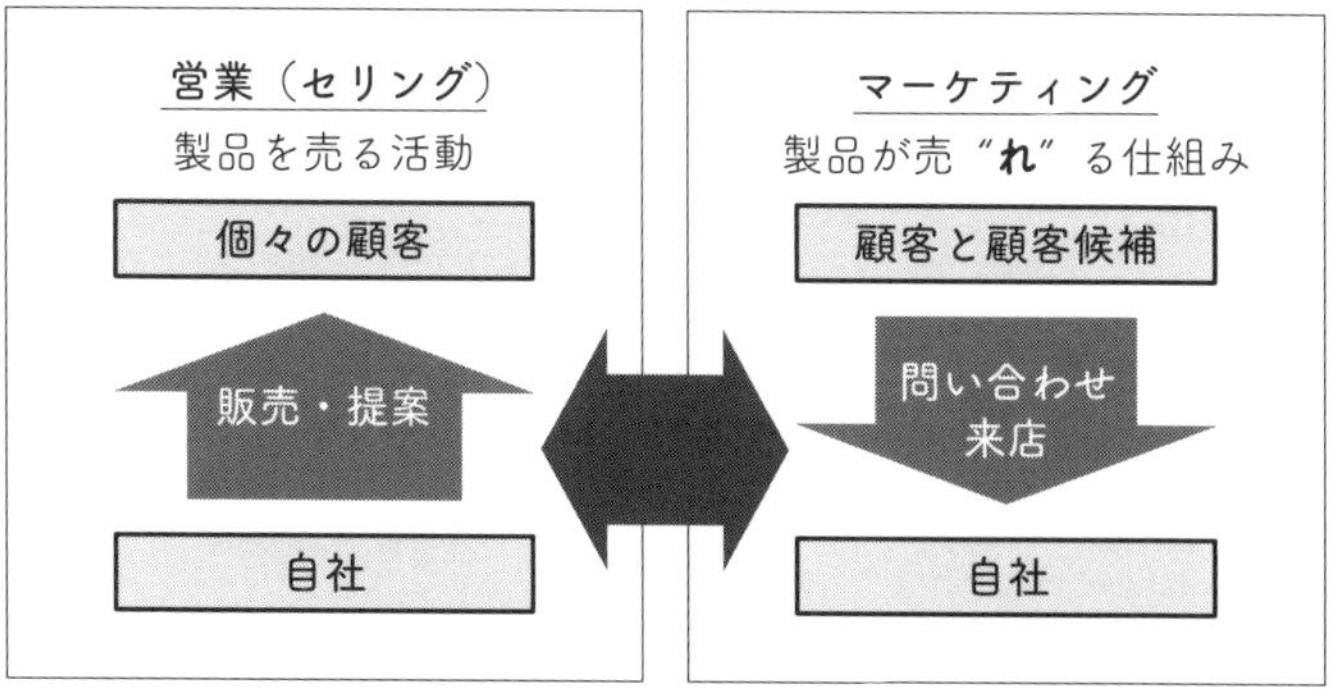

一方で、マーケティングは、チャンスのある市場にいる顧客や顧客候補に仕掛け、顧客から自社に向かって来店、検索、問い合わせをもらう活動です。

コンビニやスーパーに来た顧客に選んでもらえるように、テレビCMやSNSでのプロモーションを打ったり、ポスターやステッカーを貼るなど、販売促進の仕組みやブランド力を向上させる方法を考えたりします。

ですから、矢印の向きが営業とは逆になります。

つねに「どうしたら顧客は動くのか？」と考えるので、主語は「お客さまは」となるのです。

あなたもご存知の通り、顧客はわがままです。

顧客は一度満足すると、次は「もっと良いサービスが欲しい」と欲張りになります。そのため、常に顧客の利便性を考え、顧客の期待以上のものを生み出さなければ、なかなか買ってはいただけません。

このような**顧客の心の中にある本音（インサイトと呼びます）を見つけることができれば、大きな差異化ポイントになります。**

しかし、リサーチなどで顧客に聞いてみても、**顧客は本音をなかなか出してくれません。**このインサイトは顧客の立場に立つことで初めて見えてくるのです。

自社技術を全面に押し出すプロダクトアウトだけでは顧客が理解できないし、市場の傾向をうかがうマーケットインだけではありきたりのものになってしまい、他と同じと見られて差異化できません。

顧客の潜在的なニーズにフィットさせていくことを同時にやる**プロダクトマーケットフィット（PMF）**をやらなければ、市場で長く優位に立てないのです。

この意識をもって、次章以降の課題をいっしょに考えてまいりましょう。

第2章

「買いたい人」は、あなたを知らない

なぜ売れないのか、なぜ売れなくなったのか

自信満々で投入した商品なのに、顧客が思うように買ってくれない。これまで売れ続けて、ビジネスを引っ張ってきた商品の売れ行きが、このところ落ちてきた……。

このような事態に直面したら、まず「どうやって」顧客とコミュニケーション（C）をとってきたのか、あるいは今とっているのか、という点に着目して分析してみましょう。顧客とのコミュニケーション、商品のプロモーションに問題がある場合、次のような症状が表れます。

- 今までうまくいっていた販促やプロモーションが効かない
- 値引きをしないと売れない
- 値引きをしても売れない
- けっこうな金額の広告を打っても反応がない

●広告の反応が落ちてきた
●SNSに投稿しているが注目されない

なぜ、このような症状が表れてしまうのでしょうか。この章では、さまざまな事例を紹介しながら考えていきます。

もちろん、ここで例示した症状には、何を＝製品やサービスそのものに問題があるとか、誰に＝ターゲット設定がズレている、といった原因も考えられます。

特に「値引きをしても売れない」といった症状が見られる場合は、売り物が差異化できていないと推測されるのですが、これらの点については、次章以降で説明していきます。

製品やサービス、ターゲット設定は、かなり根源的な要素ですので、できることや変えられることも自ずと限られてしまいます。

ただし、打ち手の「打ち方」は、「何を」と「誰に」の組み合わせを考えると多種多様ですので、こちらも後に詳しく解説します。

一方で、「どうやって」については、広告宣伝やプロモーション、顧客コミュニケーションの手段、実行プロセス、販売する場所、また経営資源の投入規模など、売り手によるアプローチの数には限りがありません。

実際のビジネスでは、自らの商品をどうやって顧客に届けるか、いろいろ知恵と工夫を凝らしているわけです。

皆さんも、「どうやって、商品を広めようとしていますか」と尋ねられたなら、1つの方策だけでなく、さまざまな努力が頭に浮かぶはずです。

このような、日々の多種多様な努力のうちのどれに、どのような問題があるのかを、すぐに「これだ」と特定、断言しようとすると、やはり難しいのです。

だから、「どのように」について、まず立てた仮説の検証と、分析をして、改善策を練るというステップをを取りたいところです。

なぜ買わないのか、なぜ買ってくれなくなったのか

この本は、**顧客の心のありようとそれに伴う行動**を起点にものごとを考えます。まずは、そもそも顧客がなぜ商品を「買ってくれない」のかについて考えてみましょう。

【ここで、いきなり問題です！】

人が何かを買わない理由はさまざまです。数え上げれば際限がありませんが、例えば、ということで以下に5つの理由を挙げてみます。

さて、この5つの理由うち、顧客とのコミュニケーションが原因となって買ってもらえない可能性があるものは、どれでしょうか（複数回答可）。

この問いの前提として、提供される商品やサービスの品質は十分に市場性があるものとします。

①その商品が必要ないから

②商品を買って得られる効用が、価格（対価）に見合わないと判断したから

③商品を知らないから
④商品の内容、魅力がわからないから（伝わっていないから）
⑤商品を忘れてしまったから

いかがでしょう。提供している商品の品質は十分に市場性がある。それでも売れないのであれば、顧客とのコミュニケーションが原因となっている可能性があるものは②以下のすべてが当てはまります。

この5つの理由のうち、「①その商品が必要ないから」は、どうやっても買ってもらえないので仕方がありません。

世の中には、顧客にとって必要でない商品やサービスについても、誤解を招くコミュニケーションを用いて顧客に売りつけるケースもあります（事例は、ご自身で考えてみてください）。これは商売の王道を明らかに外れていますので、シンプルに除外します。

意外に感じられるのは、「②商品を買って得られる効用が、価格（対価）に見合わないと判断したから」だと思います。

③以下は、販促施策を含んだ顧客コミュニケーションによって大きな影響を受ける、と容易に想像できるでしょうが、なぜ、②もネガティブな影響を受けるのでしょうか。

顧客は、あなたの商品の価値を割り引いている

人間が生活を営んでいくうえで必要な生活必需品や愛用品については、誰でもその価値を明快に認識しています。

具体的には、飲料水や食材、トイレットペーパーの必要性や価値は、改めて認識しようとしなくても、誰だって知っています。コーラが大好きだ、という人にとっては、コーラを買うことの効用は自明です。

これは法人向けのビジネスでも同じことが言えます。生産材などのメーカーの場合でも、自社製品を生産するうえで絶対的に必要な部品や素材について、それが内製できない場合は、供給者の提供する商品の価値についても同じように認識しています。

このように、購入するニーズを持つ需要者側が「絶対必要だという価値」を認識している品目やサービスであったとしても、製品を供給者する側は、数ある商品ブランドから自社のものを選択してもらうために、顧客コミュニケーションや販促などで「うちの商品のほうが、より優れていますよ」とアピールに余念がありません。

では、「②商品を買って得られる効用が、価格（コスト）に見合わないと判断したから」をさらに掘って理解すると、次の言葉で集約されます。

顧客は、あなたの商品の効用、価値を知らない。だから買わない

これは「④商品の内容、魅力がわからないから」と同じではないか、と思う方もいらっしゃるかもしれません。はい、確かに似ています。でも、少し違うのです。

具体的には、次のようなケースを想定してみてください。

Aさんが、あなたの商品を買ってみた。そして、使ってみたけれども、どうも自分には合わなかった。だから、次は買わない。

一方で、こんなケースもあります。

Bさんが、あなたの商品を買ってみた。「おっ、なかなかいいじゃないか」という感想だった。そして、あなたの商品の存在については、認識しつつも、2度目はなかなか買わない。

さらには、Cさんは、あなたの商品の広告や紹介されているブログを見つつ、「これは、いらないな」と判断した。

さあ、この3つのケース、どのように考えればよいでしょうか。

「また、行こうね」と言ったのに再訪しない料理店

まずはAさんのケース。人によって、好みや、合う・合わないはありますから、これは仕方がない。「①その商品が必要ないから」とほぼ同じと理解します。

そして、BさんとCさんのケース。これは、もう完全に「どうやって」売るか、に問

題があると考えるべきです。

Cさんのケースは、シンプルに情報発信の質と量に問題があります。これは理解しやすいでしょう。

そしてBさんのケース。商品の魅力のインパクトが（Bさんにとっては）リピートを呼ぶほどではなかった、という可能性も十分に考えられますが、「おっ、なかなかいいじゃないか」が次につながらなかったのは、商品そのものの力以外の部分で、リピートするインセンティブ、たとえば必要だと感じる動機や、もう一度買いたいと感じる誘因が不足していたのかもしれない、と考えるべきです。

たとえば、次のケースを考えてみてください。

飲食店を紹介しているサイトで評判の、近所にできた料理店。家族で出かけたところ、料理の質も高くて、サービスもいい。

「ここ、とても美味しいね。また来ようね」とみんなで納得したものの、その後、一度も訪れていない……。

考えてみれば誰にでも、思い当たる経験があるはずです。

人は、新しい商品やサービスを購入する場合、「美味しいのかな」「値段に見合うかな」「後悔しないだろうか」というような、とても高い心理的なハードルを乗り越えなければなりません。

これら「自社の良さ」をゼロから伝えなければならないのが、新規顧客の開拓が難しい理由です。また、一度獲得した顧客を維持する際も、このハードルは低くなるものの依然存在するのです。

いったん体感した魅力や効用も、時間の経過とともに忘れられ減っていくものです。さらに体感したばかりに感じる、「もの珍しさ」という価値も回を重ねるごとに失われていきます。

そこで、提供する商品やサービスをリピートしてもらうためには「**何が付加価値なのか**」を考えなければなりません。

熱狂的なファンのいるラーメン店が強い理由

ここでヒントになるのは、「ファン」という概念です。

日本の国民食とも言えるラーメンには、全国的に有名なお店、ブランド、チェーンなどがたくさんあります。

その中でも、熱狂的なファンがいるラーメンがあります。

たとえば、麺も、野菜もニンニクもたっぷりの「ラーメン二郎」というお店がありますが、このお店には強烈なファンが存在することで知られ、系列店やインスパイアされたお店がいくつもあります。

そして「二郎系ラーメン」のファンは、「ジロリアン」と呼ばれ（自称し）、SNSなどでも積極的に情報を発信し、交流をしています。

また、激辛ラーメンで知られる「蒙古タンメン中本」というお店も、熱いファンを多数擁しています。

こちらもチャレンジ動画ほか、SNSで多くの情報がやりとりされ、さらにファンを増やしており、チェーン展開しているお店には行列ができています。

ここで着目するべきポイントがあります。


何かの、誰かのファンであることは、それそのものが顧客にとっての価値である

ということです。人間は社会的動物である、としばしば言及されます。そのため、つねに誰かとつながっていたい、という根源的な欲求を持っています。

ここでの例で言えば、「ラーメン二郎」「蒙古タンメン中本」のファンは、ファン同士でつながりを持つことができるため、提供される料理に加えた価値を得られるのです。

ファンを持つことの強みや効用は、ラーメン店に限らず、ありとあらゆる商品、サービスについても言えます。最終消費者向けの商品を提供するビジネスに限りません。

根強いファンがいることは、強いブランド力があるということにほかなりません。

そのファンはブランドへの行動と態度という2種類の「ロイヤルティ＝忠誠心」を持ってくれます。

行動のロイヤルティとは「リピートしてくれる」、態度のロイヤルティとは「いいクチコミ・レビュー」をしてくれるという意味です。

どちらもマーケティングが目指すところです。

そして、言うまでもなくファンをつくり、ファンをつなげる最大の手段は顧客とのコミュニケーションにあります。

このように、あなたの商品を顧客が「買ってくれない、買ってくれなくなった」という場合は、商品そのものの、商品体験の**価値や効用**に対する認知、認識に問題があると考えて、まずは顧客とのコミュニケーションについて見直してみるところからスタートしましょう。

まずは、その前提として、今日のビジネスにおける顧客コミュニケーションについておさらいしたいと思います。

デジタル時代の顧客コミュニケーション

ＤＸ・ＩＴ化やインフラの進化などによるメディア環境の急激な変化により、インターネットでの広告や販売促進が主流になってからかなりの年月が経ちました。

２００７年にｉＰｈｏｎｅが世に出て、通信環境が３Ｇになったことをきっかけに、インターネットはウェブ２・０と呼ばれる第２世代に入りました。

特に大きな変化は、投稿にコメントしたりＲＴするなどの**ＳＮＳの普及による顧客と企業の双方向性が高まった**ことです。

このあたりから、一部の企業は旧来型のマスメディアでの広告を減らしはじめ、キャンペーンではオンライン広告によるターゲット層からの直接の反応（＝ダイレクトレスポンス）を狙うようになりました。

テクノロジーはさらに急速に進化し、それを使うユーザー側も追いつくスピードが早まりました。マーケティングを仕掛ける側と受け取る側がともに進化したメディアの使い方に慣れたのです。

まずは受け取る側、すなわち生活者や顧客側の変化について考えていきましょう。

たとえば、コロナ禍の初期のころに、ZoomやマイクロソフトTeamsで商談をしようとしてもお互いに使い慣れていないので「アプリの使い方がわからない」「音声が聞こえない」といった不具合がありました。

ところが、リモートによる日々のやり取りニーズが急速に高まり、ハードとソフトも急速に改善され、心理的なバリアも低くなっていきました。

コロナ禍に見舞われ、1年もしたら、多くの人の日々の生活や仕事に溶け込むようになりました。

さらにここ数年は、インターネットも、ウェブ3・0、第3世代と呼ばれる新しいフェイズになっています。

その中でも注意したいのは、これまで何かものを買うときに「ネットで調べて店舗に買いに行く」など、ネットとリアルを分けて考えていた生活者がオンラインとオフライン（＝リアル店舗）の区別をしなくなった点です。

ＯＭＯ（オンライン・マージズ・オフライン＝オンラインとオフラインの融合）と呼ばれ、ネットでもリアルでも値段やスペックを調べる、どちらで買ってもよい、また受け取る場所の選択肢も増え、オン・オフラインを区別しなくなったのです。

次にマーケティングを仕掛ける事業会社側を見てみると、ＥＣ（Electric Commerce＝電子商取引）のサイトでビジネスを展開する小売業も数多く、アマゾンのようなプラットフォーマーから、ヤマダデンキ、ニトリといった家電や家具の量販店はもちろん、アクセサリー、雑貨、食品などを販売する中小の事業主まで業界や企業規模はさまざまです。

リアル店舗とＥＣサイトを併用して商品（サービス）を販売する小売業、旅行業、レンタカー会社も多彩です。

もちろん、飲食業やヘア・ネイル・エステのサロンや食品スーパー、ガソリンスタンド、自動車ディーラーなどなど、リアル店舗への集客にオンラインを組み合わせるビジネスを展開する業態もあります。

さらには、不動産販売や、生命保険などＥＣやリアル店舗だけでなく、電話やファックスによる「問い合わせ」を起点にして契約につなげたい業界もあります。

業界や業種、企業の規模によって、どのようにメディアを組み合わせるべきかはそれぞれです。このような状況下で、より多く販売をするために、企業は知恵を絞り、工夫をします。

インターネットに広告を出したり検索エンジン対策をしたりして、自社が販売するECサイトやリアル店舗に誘導します。

大企業であれば、テレビや新聞に出す広告は今でも認知度アップには効果的ですし、それが難しい中小企業でも駅や街頭にポスターを貼ったり、デジタルサイネージに広告を出すことでマスメディアに近い効果を狙います。

こうしてサイトに来店した人たちに商品ごとの告知をし、差異化ポイントを説明したり、顧客の声を掲載したりします。

リアル店舗ではポスターやステッカーを貼り、店員が説明をして買ってもらうための最後の一押しをするのです。

伝え方、売り方は星の数ほどある

「どうやって買ってもらうか」を考え、顧客コミュニケーションの「一連の流れ」を組み立てることは、業界や業種にかかわらず必要なことですし、本質は不変です。

しかし、先に書いたように、ＩＴの進化による「新しいメディア」の登場で「顧客がメディアを見る姿勢と見るメディアの種類」が激変しました。

ということは、一連の流れの中に入れるべきメディアも、以前とは変えるべきです。

そうした前提のうえで、あらゆる業種、業界、規模のビジネスは、現在ではＳＮＳや（特にネット上の）オウンドメディア（ホームページやランディングページ、メールマガジン）などを使って、集客し購入を促し、購買、契約したあとにも顧客ロイヤルティの向上を狙っています。

これは消費者向けのビジネスに限らず、法人向けでも同様です。

たとえば自動車や建設資材の部品メーカーの営業で言えば、得意先にＤＭ（ダイレクトメール）やニュースレターを送ったり、工場見学や新製品説明会を開催したりするのに加え、顧客イベントをウェブ上で行い動画投稿サイトにアップしたり、メールマガジンやＳＮＳで告知をして、追加注文や次の新しい契約をもらえるように尽力します。

ＩＴ産業で、企業向けの通信ネットワークの構築やクラウドサービス、ＳａａＳといった無形のシステムの営業、販売も基本的な流れは同じです。

プロトタイプを試してもらうためにブログや動画で説明する「コンテンツマーケティング」を展開して顧客データを取得し、顧客候補により深く知ってもらうためにオンライン説明会をしたり、詳細を記した白書をダウンロードできるようにしたりしてトライアルを促しています。

このように、デジタルが当たり前の時代になったとはいえ、広告や販売促進、キャンペーンという「売り方」は、ＳＮＳ広告や検索連動広告のようなオンラインツールに加えて、旧来からあるオフラインでの新聞折込広告、ポスティング、ＤＭ、商談は依然として必要なので、その組み合わせはより多様化しています。

そのため、「計画通りにいかない」とか「今までうまくいっていたのに売れなくなってきたな」と感じたときに、

「どこから分析して、どこから手をつけていいのかわからない」

となってしまうのです。

しかし、PTCモデルのC、つまり顧客とのコミュニケーション＝売り方を変えるだけでうまくいくことが多いのも事実です。

このような変化を認識した上で分析すると、顧客へのコミュニケーションについて、

①キャッチコピーや広告デザインなどのメッセージ
②それを顧客に運んでくれるメディア
③顧客が探し買い受け取る場所

のうちの、いずれか、あるいはいくつかが間違っているので売れなくなったのです。

ですから、この3つについて、まずは分解して、どこが間違っているのかを精査したいところです。

「宣伝文句を変えるんだ、宣伝文句を」の間違い

なぜ「どうやって」の顧客コミュニケーションから見直すといいのでしょうか？

マーケティング活動のうち、顧客から見えているのは「どうやって」のコミュニケーション部分です。

逆に言うと、3つの戦略のうち「何を」と「誰に」は社内で決めることなので、お客さまには「どうやって」のコミュニケーション部分しか見えていません。よく考えれば当たり前なのですが。

問い合わせが欲しい広告や、イベントに集客したいとき、結構な量の広告を打っても効かないと、社長や上司から、

「この宣伝文句じゃ響かないんだよ、顧客に」「デザインが悪いんじゃないのか」と怒られて、安易に広告の内容（コピーや画像・イメージ）などのクリエイティブを変えるようなケースをしばしば見かけますが、これも、あまりうまくいきません。

なぜなら、**「いいキャッチコピー」＝「売れる」というわけではない**からです。

ここでは、もう一度コミュニケーションの分解を深堀りしてみましょう。

顧客の視点から分解すると、コミュニケーションの中身は次の3つになります。

メッセージ【伝え方】 ことば（＝コピーや文章）とイメージ（＝デザイン・画像・動画）の組み合わせ。この組み合わせで言うべきことを伝える

メディア【届け方】 媒体＝マス媒体、紙媒体、屋外看板、インターネットなどのメッセージをターゲット層に運んでくれる「乗り物」

チャネル【顧客に触れる場所】 商品や情報を探す場所、買う前に評価・検討する場所、買う場所、商品を受け取る場所

この3つに問題がある、ということを売り手目線で表現すると、次のようになります。

- **メッセージでターゲット層に言いたいことを伝えきれていない**
- **メディアがターゲット層に届いていない**

●ターゲット層が買う場所に商品や広告・PRを仕込んでいない

これを顧客視点、つまり主語を「ターゲット層が」に置き換えるとこうなります。

●メッセージの意図が分からない
●見ていない
●どこで買えばいいのか分からない

どうでしょう? 実はとてもシンプルです。

伝え方、届け方、売る場所の何が間違っているのか

PTCのCに問題がある場合は、このように「メッセージ（伝え方）、メディア（届け方）、チャネル（売る場所）」のどれか、あるいは組み合わせが間違っているのです。

この3つの角度から、あなたの目線で見た現象面で何が起きているのかを分析する

と、さらに真因に近づけます。具体的にはこのようなイメージです。

- **値引きしないと売れない、価格競争になる⇒【伝え方】に問題がある**
- **新しい顧客が取れない⇒【届け方】に問題があり、メッセージが顧客および候補に届いていないので機会損失（＝売り逃し）になっている**
- **売り伸ばせない⇒顧客が【売る場所】を分かっていない、便利に受け取れない。**

企業が売りたいものと顧客が買いたいものは違う

では、【伝え方】に問題があるケースとはどのようなものでしょう。それは「売り物を見せている」ことです。

こう言うと、「売り物を見せるのは当たり前ではないか」というツッコミを受けそうです。

ここで問題にしたいのは、顧客に対して、商品名に加え、機能といったスペック、価格など「目に見える商品関連の情報」だけをストレートに見せている、ということです。

買いたいと思っている顧客が広告やホームページでこのような数字や機能性を見ても、その商品によって得られる満足感や本質的に求めている効能（単なる効能とは似て非なるものです）が伝わりません。

なにより機能的な側面だけを、そのまま伝えると簡単に他社・競合と比べられ、安いほうが選ばれる、という事態がしばしば発生します。

「新しい引っ越しスタイル」を売る会社

ここで価格競争になりがちな「引っ越し」を例にとって、「目に見えること」と訴えるべき「満足感や効能」とをそれぞれ考えてみましょう。

前者は「価格や値引き幅」「人員の数」「運べる品物の数」や「トラックの大きさ」です。もちろん顧客はこのようなことも知りたいはずです。

しかし、引っ越し客が本当に欲しいのは、後者の「引っ越し前後の手間がかからないこと」や「大事な家具を傷つけずに運んでくれるかどうか」、そして何より「引っ越したあとの快適さ」です。

「この会社に頼めば、ちゃんと運んでくれそうだ」「引っ越しの前後も便利だ」と感じてもらえれば「価格の安さ」ではないところで勝負ができます。


愛知県の引越一番という会社は、「新しい引越スタイル」を提唱し、引っ越しプラスアルファのサービスを提供しています。

まず、引っ越し時に、便利に安く家電を買える仕組みがあります。エディオンのフランチャイズなので、家電量販店と同じ価格やサービスを受けられます。社内に家電コンシェルジェを置き提案をしてくれます。

引っ越しの機会に、冷蔵庫やエアコンを買い替えたい場合、わざわざ買いに行く必要もありませんし、何より引っ越し当日まで冷蔵庫を使えます。

さらに、新居に入ったその日から新しい冷蔵庫を使えるので、さまざまな手間や時間をかけずにすむのです。

最近では、大事なものは自分で運びたいという人向けに、レンタカーサービスも行っています。

引越会社を選ぶ段階で、このような付加サービスがあると価格ではなく「効能で選ばれる」ことになります。

そのためには、商品購入前後を含めた「体験価値」や「商品を使ったときの効用」を想像してもらう【伝え方】が必要です。

市場にいる顧客から見ると、あなたもライバルもすべて同じに見えています。ですから、「うちの商品はここが違う」という「差異化ポイント」を訴えるのが必要です。

「体験価値」「効能」といった感情に響く情緒的な価値をまずは訴えて、その後に価格やスペックといった機能的価値を確かめてもらうというステップが適切です。

それが、「なぜこれを買うといいのか」という「買うべき理由」になるのです。

誰も見ない広告は、こうして生まれる

次に【届け方】の誤りです。

まずは、機会損失による売り逃しがないかをチェックしましょう。具体的には、ターゲット層が、あなたが発信したメディアを見ているのか、という**可能性**のチェックです。

たとえば、いまあなたが読んでいるこの本の宣伝ＣＭを、主に子どもが視聴するアニメ番組の前後で打ったとします。いくらその番組の視聴率が高くても、私には宣伝後の本の売り上げが上がる状況がイメージできません。

「何を極端な！」と感じる方もいるかもしれませんが、このような誤りは、世の中に数多くあります。あなたの商品のメディアでの出し方をこのような視点でイメージしてみてください。

ほかにも、ホームページや店舗をせっかく訪問したターゲット層が、気づかずに見逃してしまう、というケースもあります。

以前、私が、アメリカのロサンゼルスにあるショッピングモールに友人と行ったときのお話です。

そこは屋外型の2階建てのモールなので、私たちも歩道を散策してウインドウショッピングをしていました。

そして、私の好きなバナナリパブリックの店舗を見つけました。店のウインドウに大きく「上を見てごらん!」と書かれていたので、見てみると上階にメンズの売り場があったのです。この一言が書いていなければ「ここはレディースの店だな」と素通りしてしまうでしょう。

メディアとはマス媒体やチラシ、オンラインだけではなく店舗のガラスも含めた「あなたのメッセージを顧客に運んでくれるもの」すべてです。

商品に関する情報や案内を、一言だけでも書いておけばいいのにもったいない、と思うこともしばしばあります。

ホームページ、ブログなどを使って、情報を提供している企業や小売、個人事業主の方々などがいますが、サイトや記事の下にSNSのシェアボタンがついていない、などというのも、残念な事例です。

たったひと手間で、「売れるチャンス」を逸しているのが、もったいない。

ほかにも、コミュニケーションでの機会損失のケースはたくさんあります。

このような損失は「自社・自分」で見つけるのが難しいのですが、顧客になりきって見つけるしかありません。

売り場にない商品を、顧客は買えるわけがない

最後は、【売る場所】です。

前述したように顧客がニーズを感じたら、探して見つけ、事前評価して買い、使ったあともクチコミをします。これらの場所すべてを、ここでは「売る場所」と表現しています。ここではシンプルに、「顧客が欲しいときに買えるか?」を確認しましょう。

顧客というのは、とてもありがたい存在であると同時に、とても面倒くさがりで、移

り気で、熱しやすく冷めやすい存在であることも認識しておきたいところです。

メディアで大々的に広告が出ていた新商品の野菜ジュース、テレビのＣＭを見て「これは試してみようか」と感じていた。外出時に寄ったコンビニで思い出したのだけれど、売っていなかった……。

その商品に対する需要の強度によっても違いますが、この顧客は、その日のうちにわざわざ他の店に行ってまで、この野菜ジュースを買うことはまずありません。

インターネットでの販売も同じで、ＥＣサイトの設計に問題があり、顧客が購入するプロセスが複雑で、どこに欲しい商品があるのか検索しなくてはわからない、ショッピングカートの場所がわかりづらいなども、同じく機会損失になります。

また、受け取りに関しても同じで、配達時間や業者が選べない、なども面倒に感じられる可能性が高く、顧客を逃します。

このように、「**探せない・買う場所が分からない・受け取りが不便**」など、顧客視点で

【売る場所】が設定されていない、設計されていない場合も、やはり買ってもらえません。

では、売る場所に関し、次の3つのポイントについて問題がある場合、どのような視点で解決すればいいのでしょうか。

この方向性もやはり超シンプルです。主語をすべて「ターゲット層（顧客）」にして考えます。

●ターゲット層が便利に探せているか？
●ターゲット層が欲しいときに買うことができるか？
●ターゲット層が買ったものを便利に受け取れるか？

以上、伝え方、届け方、売る場所について順に考えてきました。

では、ここからは、具体的に顧客コミュニケーションを改善して売り上げを増やした事例について見ていきましょう。

カーリースのチラシなのに、中古車販売に見えてしまう

全国でガソリンスタンド（サービスステーション＝ＳＳ）を展開するコスモ石油マーケティング株式会社の子会社の、コスモ石油販売株式会社では、事業をスタートして５年目になるカーリースの成約数を伸ばしたい、という課題を持っていました。

サービス開始以来、順調に伸びてきたリースも、若干頭打ちになってきたのです。テレビＣＭなどでもおなじみの「ココロも満タンに」のキャッチフレーズ通り、心のこもった接客をする人間力が高い企業です。

ＳＳにガソリンを入れるため来店する顧客との関係は良好です。併せて販売するタイヤや車検サービスはとても好調でしたが、なぜかリースの獲得件数については伸び悩んでいました。

当時のコスモ石油販売では、ＳＳの商圏である半径３キロメートルの家庭や各種事業所にチラシをポスティングしたり、新聞に折り込み広告を入れたりして、ＳＳへの集客

をしていました。

こうしたチラシでは、主にガソリンの値引きキャンペーン、感謝祭でタイヤを特別価格で販売しますという内容が掲載されていました。

このチラシに、新しく開始したカーリースについての情報も追加して告知をしていたのです。

私が同社で研修を担当した際に、実際のチラシを見せていただきました。

当時、多くのＳＳが配布していたチラシは、「月々1万円ポッキリ！」というキャッチコピーとともに自動車の写真と価格をずらっと並べていました。

カーリースなのに、私には、まるで中古車を販売している広告に見えてしまいました。

そこで「ちょっと視点を変えて」考えてみることにしました

買ってもらうチラシは、「断捨離」が必要

チラシは、手に取って見るものなので、いったん手に取ってもらえたら、細かいとこ

ろまで見てもらえるメディアです。

ですから、まずやることは、キャッチコピーを絞り込むと同時に、刺激的にして目を引き、そのあとに「なぜコスモのリースがいいのか？」を説明する内容にしていこうと考えました。

買ってもらうチラシは（チラシに限らないのですが）、メッセージが明快でわかりやすいものがいい。つまり、情報の「断捨離」が必要になります。


そこで、まずどんな人がリースを利用したいのか、について考えてみました。

自動車を買って所有することに比べれば、リースは手軽でお値打ちです。

車を買って遠乗りをしてドライブで楽しむというより、買い物や普段使いの「便利な移動手段」と考える人が多かったのです。

リースを契約する人が欲しいものは、車そのものではなく気軽さや便利さだと気づいたわけです。

そうなると、本来ねらうべきターゲット層は、「車そのものには、それほどこだわりのない主婦層」となります。

自宅には、メインの自動車はあるのだけれど、一家のセカンドカーにしたい人に向けたメッセージが有効という仮説を立てたのです。

「どうやって」をレビューするプロセスにおいて、思考としては小さな「PTCモデル」を動かしていた、ということになるでしょうか。

次の仮説は、私たちのターゲット層となる人たちは、そもそもリースと車の購入・所有の違いがそれほどわからないのではないか、ということでした。

そこで、「なぜリースがいいのか」を伝えるべきだという結論に達しました。

具体的には

- **リースそのものの説明**
- **自動車を購入し所有することと比べ、リースの利点に関する差異化ポイント**

この2つに絞り込み訴求しました。

ポイントとしては、スッキリとさせた点が挙げられます。

なぜ、ガソリンスタンドが有利なのか

さらに、他の会社と比べてコスモ石油販売株式会社でリースをする利点は多いのではないか、という点について考えていきました。

SSにガソリンを入れに来る顧客の「中」に、カーリースに対する潜在的需要を抱えている方が一定以上いるのではないか、という仮説に基づいています。

そこで、競合となるカーリース会社との差異化できるポイントを挙げていきました。

ここでも大切なのは、ユーザーの視点、つまり「顧客視点」です。

最大の差異化ポイントは「**お店を訪ねる回数、頻度**」です。

ディーラーやリース会社の場合、顧客が訪店をするのは、契約や車検の際など多くても年に数回程度でしょう。1年に1回もない、ということもあるかもしれません。

しかし、SSは違います。自家用車を保有している家庭であれば、ガソリンを入れに行くので、訪店頻度は圧倒的に高いのは間違いありません。

ここに、「セカンドカー」需要があると考えたのです。

コスモではカーリースの利用者に対して、メンテナンスパックを用意していました。リースの契約者はこれに加入することで、ガソリンの値引きに加えて車検やメンテナンスなどさまざまなサービスを受けることができます。

私の妻もそうなのですが、自動車を主に「移動手段」として使っている層は、バッテリーや冷却水のことなどメカニカルな部分についての知識がそれほど充実しているわけではありません。

ですから、自動車の不具合があっても、なかなか対処の仕方がわからないのが実情でしょう。

しかし、ガソリンを入れるついでに、ちょっとした不具合について相談できることはカーリースの顧客にとって、とてもありがたいことなのです。

コスモのリースの利点は、「**便利で気軽、その上、お値打ち**」ということになります。

その点を明快にわかりやすく「賢い主婦の選択です」という方向性で訴求しました。

この情報をアピールすることで、リース契約価格の安さではないポイントで選ばれるようにしました。

顧客は、自社が思うほど自社のことを知らない

チラシの内容、構成、さらには販売促進を詰めていく段階で、もう1つの仮説について検討を加えました。それは、

コスモ石油販売がカーリースを展開していることを顧客は知らないのではないか？

ということです。

「ココロも満タンに」というキャッチと、楕円形のシンボルのオーバルマークで、誰もがコスモ石油販売は知っているし、SSが近所にあることも知っています。

そしてコスモのSSに行けば、ガソリンを入れられるし、車検もやってくれるし、タイヤも買える、ということもよく知られています。

しかし、コスモでカーリースができることは知らないのではないか、ということです。

実は私もそうだったのですが、そもそも大半の人は「新しい自動車はディーラーで買

う」ものと思い込んでいます。

自らが運転して自動車を利用する、となれば、旅先でのレンタカーは別として、新車か中古車を買い所有する、という選択肢が真っ先に頭に思い浮かびます。

一方で、「期間限定で使う」という選択肢がある、そして手軽に、気軽に利用できることを知れば、契約する層が確実にいるはずです。

ですから、コスモにとってのライバル、競合となるのは他のリース会社だけではなく、カーディーラーのような間接的な競合も含まれます。

また、「所有」ではなく、「使用」するという意味で考えれば、レンタカーやカーシェアも広い意味ではライバルとなります。

次に考えるのは、①ディーラー、②レンタカー、③カーシェアリングという競合に対して、コスモの「強み」はどこにあるのかを突き詰めることです。

考えてみれば（当たり前のことですが）、トヨタのディーラーではトヨタ車、日産では日産車を勧められますし、そもそも決まった車種しかありません。

あらかじめ買う車種が決まっている人であれば、そのディーラーを訪れればよいのですが、「燃費のいいコンパクトカー」に乗りたいという場合で、複数の候補から選択したい場合は、複数のディーラーを訪れなければ比較ができません。

しかし、コスモのカーリースならば、ほぼどのメーカーのどのような車種でも利用することも可能です。

そのうえ顧客にとっては、(正確にはリースですが)買うときも買ってからも、さまざまなことが「いっぺんで済む」という便利さがあります。

このような種々の条件を合わせて考えた結果、メッセージの内容は、次のようなものになりました。

コスモでリースができることを知っていますか?
買うよりもこんなにお得、しかも自宅の近くにありますよ
さらに、コスモならメンテナンスも楽々

予習も大事だけれど、復習はもっと大事です

私も含めて、自戒を込めて言えば、マーケターと呼ばれる人々は、「新しもの好き」なので、キャンペーンをやったらやりっぱなしにしてそのまま、ということがたまにあります。

これでは次の施策につながりませんから、とてももったいないことになります。

ビジネスというのは、獲得できる（＝売れる）ゴールの数字（＝ＫＧＩ）も大事ですが、同じようにその売り上げを達成するための中身の数字（＝ＫＰＩ）にも注目したいところです。

ここで紹介したコスモ石油販売の事例で考えれば、「何台の契約が取れたか」だけではなく、**「何件の問い合わせがあったか」**、さらには、**「問い合わせをいただいたうち、実際に商談につながったのは何件か」**に注目したいところです。

たとえば、チラシ3万枚を配布したとします。加えて同じクリエイティブのポスター

を店頭と店内にも貼り、またホームページやＬＩＮＥ、メルマガでも告知をしたとします。

そこからリースの成約までの各プロセスにどれくらいの数字があったのか、絞りながら追跡していきます。たとえば、以下のような具合です。

- チラシ3万枚を、新聞折込とポスティングで配布、LINEとメルマガでも告知
- その後にリースの問い合わせ　30件（0・1％）
- うち、店舗で説明をした顧客　10件（問い合わせの33％）
- 与信を通した顧客　5件（商談の50％）
- 成約　3件（与信顧客の60％）

これを、１カ月に数回チラシを打つたびにチェックすることで、効果を測定していくのです。

この際に気をつけたいポイントは、厳格、厳密に数字（データ）をとろうとしないことになります。

デジタル（＝インターネット）メディアの数字は正確にとれますが、チラシなどのアナログのメディアの数字はざっくりと把握すればそれで十分です。

本格的な調査やデータどりも重要ですが、従来と比べて反応が増えたかどうか、という「変化」に敏感になることがこの段階では重要です。

数字をしっかり追いかけていると、むしろ数字と数字の合間に隠れている「売れるヒント」を見つけることができます。

たとえば「家族連れの写真を使ったチラシのほうが商品だけの画像より反応がいい」など、正確な因果関係の検証はさておいて、ちょっとした数字の増減から、発すべきコンテンツやメッセージの方向性にも大きなヒントが得られるのです。

販売戦略やキャンペーン施策を考える場合、仮説を立てる「予習」も大事ですが、その検証をしっかりやる「復習」はもっと大事です。

蓄積してきた経験、知識、知見を定着させ実際の仕事に生かすには、復習が大事だというのは、学校の勉強と同じだと思います。

コスモ石油販売は、そこで働く方々の人間力が高く、新しい知見、アドバイスをお伝えして、「これだ！」と思うと、すぐに実施する企業文化、組織風土がありました。営業やマーケティングは、「市場」という生き物を扱っていることもあって、素早い対応ができると成果につながりやすくなります。

戦略や手法は他社に真似されることはあっても、組織力や人間力は簡単にコピーできるものではありません。また育てるのにも時間がかかります。

新たな施策にチャレンジできる力というのは、持続的な優位性が保てる最大の「強み」となります。

「値引かないと売れない問題」の解決方法

本書の原稿を仕上げている段階では、エネルギー価格の高騰や歴史的な円安傾向の影響もあって、数十年ぶりのインフレ、物価高騰が進行しています。

２０２２年の10月に発表された、同年９月の消費者物価指数（ＣＰＩ）は、前年同月比で約３％の上昇と、１９９１年８月以来、30年以上ぶりの状況となっています。

物価が上がっても、賃金についてはなかなか思うように上昇せず、食料品をはじめとした生活必需品に要する所得が増えてしまうと、かえって消費者の財布のヒモを締めることになってしまうだろう、という不安があります。

さらに、日本では原材料など「川上」の産業に比べて、最終消費財や最終製品など「川下」の産業の価格を上げにくい、という構造があります。

そうなると、原価は上がるのに、なかなか価格に転嫁できず、ビジネスはますます苦しくなる、という構図も見えてきてしまいます。

それならば、価格（の安さ）で勝負しない方法を考える

このポイントをどう具現化するかが、ビジネスを継続していくうえで重要なコンセプトとなります。

競合との関係で、どうしても価格での勝負になってしまうのは製品、商品、機能、値段など「見えるところ」しか伝えていないためです。

どうしても「見えるところ」をアピールすると、競合と比べられてしまい、「安いほうにしよう」という顧客の選択を招いてしまいます。

では、どうすれば「価格競争」の沼を出ることができるのでしょうか。

まず大きなポイントは、**訴求するポイントを「モノ」から「コト」にする**ことです。コト消費については古くから言われていることですが、インフレが進む現在だからこそ、核心を突いた施策となります。考え方はこうです。

顧客が買うのは商品やサービス（モノ）ですが、顧客が欲しい「コト」とは、その商品やサービスを買うと自分にどのような**「本当の効用」**がもたらされるのか、という便益・体験価値です。

ですから、広告や販売促進ではその「本当の効用」を見せていきたいところです。

たとえば新商品のスマホなどは、カメラの画素数や音質の向上、ディスプレーの解像度などがよくなったという「機能」面ではなく、カメラに付与された新しい機能で「こんな楽しみ方ができる」とか、「いい音で聴く臨場感」などのメッセージを発信します。

アップルのiPhoneのテレビCMでは機能的な解説がほとんどなく、使っている人たちのイメージ画像が大半なのがこちらのアプローチです。

また自動車のCMも燃費の数字や価格だけでなく、家族で楽しく乗っている様子を提示することによって、購入後の充実したライフスタイルを想起してもらうようにしています。

「犬との生活」を販売しているペットショップ

愛知県に「ポッケ」というペットショップがあります。仔犬はもちろん、飼育のためのグッズやフード、おやつなども販売していて、県内に3店舗を構えています。

ペットショップの顧客はもちろん犬を買うのですが、顧客が欲しいのは「ワンちゃんとの楽しい生活」です。

ポッケの社長は自分を「ペットコンシェルジュ」と位置づけています。言うなれば、ペットの「プロ」です。基本姿勢としては、ペットをいかに大切にするかを起点に考えるため、ブリーダーとしての自家繁殖に注力して、仔犬の通信販売なども決して行いません。

仔犬の「販売」というのではなく、新しい家族を見つけたい人々とペットとの「橋渡し」の仕事をしている、という姿勢で展開されています。

彼女（社長）は「ワンちゃんとの生活」のコツをＬＩＮＥでとても詳しく発信しています。ペットとの「共活（ともかつ）」を推奨してくれるのです。

たとえば、初めて飼う際に気をつけなければいけないこと、餌やおやつのあげ方などを教えてくれます。

また犬は暑い夏が苦手なので、実は洋服を着せるといい（これは意外です）といった、犬が快適に過ごせる方法など、飼い主にアドバイスやコンサルもしてくれます。

さらには、「ペットバス」で顧客と一緒にツアーを実施したりもします。

実は私も「ワンちゃんとの生活」を欲していた一人で、飼育を始めた際に「ワンちゃんのケアは、歯が大事です」と教えていただいたので、おやつはガムを中心にしました。

そのおかげでしょうか、クリニックの先生に「歯の状態がとてもよいですね」と褒めていただき、自分のこと以上に嬉しくなりました。

ワンちゃんとの、充実して楽しい生活という「価値（コト）」を提供できれば、顧客が重視するのは値段、価格ではなくなります。以降も、ペットについて、何か必要なことがあれば、ポッケを選ぶようになります。

つまり、ブログやホームページでは、自らがお客さまに提供できる「価値」を表現すればいいのです。

部屋ではなく「ワクワクする生活」を売る不動産サイト

賃貸や新居を探す人は、家賃、立地条件、部屋の広さなど、さまざまな条件に着目して物件を探します。そのため、大半の賃貸サイトは「賃料、駅近、間取り」を中心として、物件情報を掲載しています。

主に愛知県の物件を中心に、県外の物件も含めて紹介する「ブランチアベニュー」という賃貸住宅ポータルサイトがあります（https://branch-avenue.com/）。

このサイトがアピールしているのは、「お部屋探しをもっと楽しくワクワクするものに！」というメッセージです。

もちろん間取りや駅からの距離など部屋の詳細も伝えます。ところが、それよりも先に、マンションの入り口、部屋の特徴、近くの見所などをカメラマンが撮ったかっこいい写真とともに、プロのライターが書いた文章を使って説明するのです。

たとえば、「ひとクセのある部屋に住みませんか？」とか、「風呂から中庭が見えます」「ガレージ中心、車大好きな人のための趣味中心の部屋があります」といった具合です。

紹介されているすべての物件が写真つきエッセイ、ブログの記事のようです。

顧客が部屋を探す際のカテゴリーも、「デザイナーズ」「リノベーション」「ガレージハウス」「サロン＆ＳＯＨＯ」など一般的な物件サイトとは違った視点で探せるのが特徴です。

ブランチアベニューの仲間たちとして、記事を書いているライター、写真家の方々なども紹介されているので、見ているほうからしても親近感が湧いてきます。

こうなると、サイトを見る楽しさがあり、じっくりと読みたくなるので、訪問者がこのサイトに長く滞在するようになります。

そのうえ、ブランチアベニューのサイトは、新着物件などをまた見たくなるので再訪したくなります。

店舗やサイトは、「できる限り長く、多く」がポイント

実は、このブランチアベニューのサイトの特徴が、「売れない問題」を解決するヒントになります。

特に小売業をはじめ、何かを販売するビジネスでは、その店舗やサイトに、

①顧客が長く滞在すればするほど

②回数を多く、頻度を高く訪れるほど

売り伸ばせます。これは、リアルもネットも同じです。

デパートが地下で食材やスイーツを売り、上階にレストランを配置するのは訪問回数を上げるための施策であるのと同様です。

ネットではさらにその傾向が顕著になります。

ですからブランチアベニューは、①滞在時間を延ばし、②訪問頻度を上げる施策がきちんとできていることになります。

リアル店舗、またサイトに限らず、顧客に「買っていただく」ことを考えるならば、居心地のよい空間、何度も訪れたくなる情報発信に知恵を働かせる必要があるのです。

「もったいない」の見つけ方と捨て方

さて、いくつか事例を見ていただいたうえで、ここからは、どうすれば顧客とのコミュニケーションの精度を上げられるのか、実践的なノウハウについて考えていきます。

まずは商売から「もったいない」、つまり機会損失をいかになくしていくかです。

これは、さまざまな状況、内容があります。具体的にはこのような感じです。

初めてふらりと入ったレストラン。とても美味しくて、提供される料理の見栄えもすばらしい。お店の許可をとってこれはぜひインスタにあげよう。いい写真も撮れた！あとで覚えておけるようにそのお店にチェックインしたい。しかし、「あれっ？　店の名前はなんだっけ？」。メニューにも、レシートにも書いていない。

マメな人なら食べログなどで再確認するけれど、100％とは限らない。もしこうなったら多くの人は「面倒だからチェックインはやめておこう」となり、「まあいいや、料理の写真だけアップしよう」となってしまう。

その投稿を見たフォロワーは「美味しそうだけど、どこの店だろう？」となっても調べない……。

これ、実際にあるんです。先日、私の先輩のフェイスブックの投稿に、とても美味しそうな蕎麦屋さんの写真が出ていました。

「行ってみたい」と思って、場所やどんな料理があるのか、値段はいくらくらいかを調べようとしました。

ところが、そのお店の名前を記した漢字が難しすぎて読めない、また読み方もわからないので、面倒になって、それ以上調べるのをやめてしまいました。

ほかにもあります。先ほど書いたように、私はワンちゃんを飼っています。「そうだ、今日は狂犬病の注射を打ちに行こう。たしか近所のクリニックは、平日のどの曜日かは午後休診だったけど今日はやっているかな？」しかし、診察券が手元にありません。そしてサイトを見たのですが、わかりやすいところにも書いておらず、すぐには見つけられませんでした。そうか、それなら近所にあるもう1つのクリニックに行こう。

当たり前ですが、こうなります。

SNSでのいい評判はクチコミとして信頼されるので、これも大きな機会損失となります。

休日など営業日を明示しておくことはとても大切です。店舗を持っている事業者はグーグル・ビジネスに位置情報を登録しておくと「ゴールデンウイークの休みをお客さまに伝えましょう」とメールでちゃんと教えてくれます。

店や商品の名付け方と提示の仕方、営業日や休業日の知らせ方、価格の表示などなど、提示する側、つまり「売る側」は、いろいろな思惑のもとに考え、きちんとアピールしているつもりです。

しかし、「買う側」からすると、意味がわからない、いや、そもそも見つけられないとなると、大部分の人は面倒なので、それ以上、情報を検索することなく立ち去ってしまいます。

先にも述べましたが、「売り逃し」ほどもったいないことはありません。

この点についても、「売れない問題」が発生していようと、いまいと、やはり「顧客視点」でしっかり情報が提供できているのか、自社のコミュニケーション施策について点検してみるとよいでしょう。

顧客に買ってもらうサイトに重要な3つの○

近年は、ECサイトはもとより、リアルな店舗を展開するビジネスにおいても、自社サイトやSNSなどでの情報発信を展開して集客に活用し、売り上げを伸ばそうと努力しています。

ここで、前項の「売り逃し」を減らす、という視点でどのようにサイトを構築していけばよいかを考えましょう。

まずはアクセス数を上げること、さらにはアクセスした顧客から問い合わせをいただいたり、買っていただいたりするには、何をする必要があるかです。

この点で、思うように展開できていないと、

そうだ、もっと広告を出そう！　そしてSEO対策だ！

という発想になりがちです。これは半分正しいのですが、半分間違いです。

私はかつてアマゾンでマーケティングの業務に従事したことがありますが、そこで学

んだ大事なポイントが、

- **ネットで売るにあたって大事なのは「アクセスの数」だけでなく「機会損失を減らす」こと**
- **顧客がサイトから外に逃げないようにすること**

そのために必要な３つのＯがありました。このＯはOptimization＝最適化の頭文字です。

まずは**①ＳＥＯ**（Search Engine Optimization）です。

これは皆さんご存知だと思います。検索に引っ掛かるように努力して自社サイトへの誘導に使うことです。

どうすればＳＥＯ対策ができるかは、かなり詳細な説明が必要なので、本書では省きますが、つまりは検索結果の最適化で、広告とは違いますので、そこは注意しましょう。

続いて**②ＬＰＯ**（Landing Page Optimization）です。

検索してたどり着いてくれても、期待と違う内容だと「あっ、これは探していたもの・

情報と違うな」と思えば、顧客はすぐに逃げてしまいます。

検索でたどり着いた顧客が最初に見る「ランディングページ」をわかりやすくしなければなりません。特に「次に何をすればいいのか？」が瞬時に理解できるようにします。


そして③ＥＦＯ（Entry Form Optimization）です。

最後の一押しをするページを「エントリーフォーム」と呼びます。あなたの会社に問い合わせをする「申し込みフォーム」があるページや、ＥＣサイトではショッピングカートに商品を入れたあとに購入者情報を入力するページを指します。ここも顧客が逃げないように、しっかりと設計・構築したいところです。


住宅や保険などの高額な商品、高関与商品、あるいはＢtoＢなどは、問い合わせをもらうためのフォームで重要なのは、「お客さまに入力する手間をかけさせない」ことです。逆にいえば「自社にとって不要なことを聞かない」ということになります。

問い合わせ項目にマーケティングに使う目的で「何を見て、ここにきましたか」などとリサーチをしたい気持ちはわかりますが、入力するお客さまにとっては無駄でしかありません。

同じように、ふりがな、住所や役職などを必須項目にしないのも大事です。必須にしてお客さまが入力を間違えて「もう一度入力してください」「必須項目が記入されていません」となり、申込ページで何度もやり直しをさせられると、「面倒だな」と逃げてしまいます。そして、2度と帰ってきてくれないでしょう。

ここでのポイントは「**禁欲的**」になること。できる限り、極限まで簡略化しましょう。

すばやく変化に気づき、検証する

この本は、「売れない問題」をどう解決するか、が主題です。望む成果を出すには、行動した結果を素早く検証して、正しく次の一手を打つことが必須となります。

そしてこれは、目の前にある結果、成果が「望むべきもの」であったとしても同様です。

外部環境が激しく変化する現在、市場や消費者、顧客の需要の傾向・変化がどう動いているのか、敏感になることが大事になります。

2022年4月に、家電量販店を展開するエディオンは家具販売ニトリホールディングスの出資を受けたと発表されました。

家具・インテリア業界の市場は成長し、家電販売は伸び悩む傾向にあります。

特にコロナ禍以降、

- 家にいる時間が増えた
- リモートワークで、デスクや椅子など家具を使う機会が増えた
- リモートワークやSNSで家の中の様子を撮影する機会も増えた
- ひいては映えるインテリアにしたい、使いやすい家具が欲しいという人も増えた
- 家電も宅内で使うので、家具とは、ビジネス面での相性がいい

こうした状況下にあって、エディオンとニトリは、事業の共同展開は親和性が高いと思われます。

ヤマダデンキによる大塚家具の買収についても、高級家具の販売を得意としていた大

塚家具を取り込むことによって、家電販売でもより付加価値の高い商品を好む顧客を取り込める、など家電と家具の相性の良さからの相乗効果をねらったのでしょう。

では、どうやって市場や顧客の変化に敏感になればよいのでしょうか。これは次のポイントに着目します。

- **【量的・数字的な動き】**に着目する。これは売り上げや人口統計など、さまざまな数字を定点観測して増えた、減ったなど「いつもと違う」異常値を感じ取れるようにしておくようにします。
- **【質的・現場での感覚】**を大事にする。売りの現場、流行りの場所、得意先の様子を定点観測し普段と違う事柄から感じとるようにします。観察の習慣と気づきの精度を上げ、素早く次の一手に活かすのです。

目の前で起こっている状況や変化を観察し、「いつもと違うこと」に気づき、どう対応すべきか、素早く判断、意思決定ができる素地を固めておきたいところです。

ここで、先述したＯＯＤＡループを参考にしてみます。もともとはアメリカ空軍での航空戦力での戦闘において、素早く判断し、どう勝利に結びつけるかを突き詰めて生まれたフレームワークです。

観察（Observe）、状況判断（Orient）、意思決定（Decide）、行動（Action）

成功するポイントは４つの間隔を短くすることと、行動の結果をベースに次の観察をする「ループ」にすることです。変化の激しい今の時代では、時間がかかるＰＤＣＡは古くて使えないという考えを説く人もいます。

ＯＯＤＡループそのものは、個人事業主や個人の営業活動を日々改善することには取り入れやすいものです。

しかし、依然、会社として組織やチームで動くには、やはり準備を含めた「計画」の練り込みは必要です。ポイントは、計画が正しいと信じ込むのではなく、あくまで仮説なので、検証、修正しながらより良い計画にしていくことが前提だと認識しながら実践することです。

繰り返しになりますが、ＰＤＣＡとＯＯＤＡループのどちらが正しい、という二者択一的発想ではなく、成果を出すためにどんな意思決定をすべきか、そこに必要なことは何かを考え実行することが大事です。

そのために、必要に応じて、それぞれの利点を取り入れればよいのです。

具体的には、ＰＤＣＡサイクルをベースにして、Ｐ（計画）からＣ（チェック）までの間隔をできる限り短く、この部分を素早く、正確にするためにＯＯＤＡの考え方を入れ込んでスピードと実効性を上げるといった具合です。

ネットを使ったマーケティングの重要データ

この点、ＥＣをはじめ、ネットで展開するビジネスでは、さまざまなデータを取得しやすいため、ある程度正確に素早く効果測定ができます。

分析には、「Ｇｏｏｇｌｅアナリティクス」など、無料ツールが多くあります。簡単に登録できるので、自分で実装できればＯＫですし、「自分にはできない」のであれば、ウェブ制作会社などに入れ込んでもらえば大丈夫です。

とはいうものの、あなたに「分析のプロ」になってください、というわけではありません。

数字と数字の間に隠されている「含意《がんい》」、つまり**数字から読み取れるメッセージがざっくりつかめるようになればいい**のです。ここから説明するいくつかの事項を知っておくくらいで、まずは十分です。

まずは「**直帰率**」です。これはサイトを訪問した人が、その他のページに動かずにすぐに離れてしまう割合のことです。

顧客が「検索結果や広告を見て期待してクリックした内容とは違う内容が書かれているサイトにたどり着いた」結果、「あ、違うな」と直感して、すぐにそのサイトから出てしまうのが直帰です。

したがって、直帰率は低いほうが好ましいのです。直帰率を下げるには、たどり着いたサイトにある文言を魅力的にするなど、サイトの中身を改善することが必要です。

ここまでわかれば、解決策はとてもシンプルです。

先に説明した「3つのO」を思い出してください。この場合、検索エンジンの広告で指定した文言にサイトの内容をマッチさせるというステップは、考え方として実は逆、本末転倒です。

最も言いたいこと、伝えたいことがランディングページに書いてあるかを再度チェックして、そのカギになる言葉を広告でのキーワードにすることです。一概に広告文言を変えても売り上げにつながらないのは、行動の順序が「逆」だからなのです。

広告ありき、SEOのためにマーケティング、サイト構築をするのではないことを再認識しましょう。

次に「**ユニークユーザー**」です。これは頭文字をとってUU（ユーユー）と言います。これは何人が閲覧したかです。あくまで「何人」かですので、1人の人が、たとえ何十回閲覧しても、UU数は「1人」です。

分析がGoogleアナリティクスでない場合、UB（ユニークブラウザ）やUD（ユニークデバイス）などの指標もありますが、まあ、ざっくりと「訪問してくれた絶対的な人数」くらいに認識しておけばいいでしょう。

UUはいわば来店客数です。この中からより深く調べる人、興味を持つ人、問い合わせをしてくる人と段々と絞られ減っていくので、この母数が増えないと、売り上げや問い合わせは増えません。

ホームページのアクセス数が必要、訪問者数を上げたい、というのであればこのUUを上げる努力をしましょう。

一方で、「**セッション**」という指標はサイトへの訪問の回数です。1人が5回訪問すれば、5となります。なので、セッション÷UUで、1人あたり何回訪問したのかが分かります。来店頻度が高い人ほど、買ってもらう確率が上がります。

ですから、売り伸ばしをねらうときには、1人あたりのセッション数をチェックして増やしたいところです。

この率が上がらない場合は、ユーザーにとって「いつも同じ情報しかないサイトだ」などと感じて2度目、3度目に訪問するほどサイトが魅力的ではない、と判断されている可能性があります。

トップページに新着情報を頻度上げて載せる、ブログをこまめに書いて記事タイトルだけでもトップページに上げる、インスタグラムやYouTubeなど頻度高く更新しているSNSがあれば、その情報もホームページにも自動的にアップされるようにするなど、「このサイトを訪ねると、いつも新しい情報がある」と顧客に感じてもらえる努力をしましょう。

また、顧客がどのページで自社サイトを離れたのかという「離脱するページ」をチェックすると、顧客が離れていく何らかの理由、「期待と違う、読みづらい」などを発見できるはずです。

インターネットでのマーケティングは、このように地道な努力の積み重ねです。私がアマゾンに在籍していた2000年ごろは、毎日のようにこのような数字とにらめっこをして「このバナーをあと2ミリずらしたらどうなる?」「この文字の色、青に変えるほうがクリック率が上がるんじゃないか」ということをやっていました。

この積み重ねが、今のアマゾンにつながっているんだろうな、と感じています。

リアルな店舗、ビジネスでも利用できるデジタルなサービス

では、リアルな店舗やオフィスがあって、集客がしたいというビジネスの場合は、どうでしょう。ここでもデジタルの力が役に立ちます。

Googleビジネスプロフィール（マイビジネス）というサービスに、店舗の住所、ビジネスの概要、写真を登録しておくと便利です。こちらには合わせてブログのように、画像と文章を組み合わせた新着情報も上げることができます。

たとえば、Googleで「焼き鳥　東京」などと入れて検索してみてください。ここ最近、Googleは位置情報に力を入れているようで、検索の上位にはGoogleマップと位置情報が出てきます。

Googleビジネスプロフィールでは、マップや検索など他のGoogleサービス

でその地域でのあなたのビジネスをどのように表示するかを管理できます(Googleのサイトより)。なので、ターゲット層が位置情報を調べたときに、見て欲しい情報を自社で選び掲出することができます。

一度登録しておくと、訪問者数やどんな人が調べたのかなども確認できるので、改善にも役立てることができます。

近所の飲食店が、日替わりランチの情報を出し続ける理由

私は、東京でマーケティングスクールの場所を登録しています。ターゲット層の中堅・大企業のリーダー職に検索され、詳しく調べてもらい、問い合わせをもらうことが重要です。そこで、重視しているのは、

①ビジネスプロフィールを見てもらうこと
②スクールのサイトに飛んできてもらうこと
③問い合わせ・資料請求をしてもらうこと

私や私の顧客の多くは法人向けビジネスなので、この③を「コンバージョン」としています。ウェブを訪問、閲覧してくれた顧客が、売り手の期待する「アクション」をしてくれることがコンバージョンです。

当たり前ですが、コンバージョンの絶対数は、①と②の数字を上げれば、上がります。

Googleビジネスプロフィールでは、①と②の2つの結果の数字が取れるので、常に「どんなワードで検索してここに飛んできたのか」「どの新着情報がウケているのか」をチェックして、コンバージョンを上げるようにしています。

飲食店であれば、新作メニューや日替わりランチを、美容院なら流行りのカットや人気スタイリストのブログなどを更新しながら掲載できるので便利です。自分でブログやホームページを作り込まなくてもできるのも利点です。

インターネットのマーケティングで気をつけたいのは、**次々に出てくる新しい手法に**

振り回されないようにすることです。

できる限りキャッチアップしておきたいところですが、気をつけるべきは、「基本」はこれまでの商売と同じ、ということです。

考えてみれば、アナログの時代も、飲食店はお客さまに飽きられないように日替わりランチを用意し手書きで入口に出していましたし、美容院は流行りのカットをフリーペーパーなどに掲載していました。

まず、押さえるべきところは「**顧客に価値を提供すること**」です。そこをしっかりと押さえた上で、新しい手法の活用や基本の応用をできるようにしましょう。

自然に、検索結果で上位表示される

顧客とのコミュニケーションでは、Ｇｏｏｇｌｅやフェイスブック、インスタグラムなどの「プラットフォーム」を使うことが多くあります。

テレビやラジオ、新聞や雑誌、屋外広告などオフラインのメディアに特徴があるのと同じで、これらのプラットフォームはそれぞれに特徴があります。

インターネットはとても便利なメディアです。マーケティングコミュニケーションでも有効なのですが、せっかく頑張ってサイトを構築、運営していても、流入数が上がらないという悩みを持つ人が数多くいるのも事実です。

人がホームページにたどり着くには大きく分けて、**①検索してくる、②QRなどのURLからくる、③SNSや他社サイトのリンクからくる**、の3つの道があります。

この中で「まだ見ぬ顧客」と出会うには、「検索」してもらい自社サイトにたどり着くことを狙いたいところです。そのためには、

Googleと仲良くする

これが最善策です。

Googleで検索をした場合、一番上にいくつかの広告が掲出されます。その下にず

らっと並ぶのが「オーガニック」と呼ばれる「自然」な検索結果です。検索サイトに広告を掲出することも効果的ですが、今の時代、広告を見ても心が動かないユーザーが増えてきたのも事実です。

ですから、この「自然」に検索結果の上位に表示されるように努力したいところです。

Ｇｏｏｇｌｅはもともと「世界中の情報をインデックスする」という壮大な理念のもとでサービスをスタートさせています。人々が知りたい情報を、できる限り正確に、結果として出したい、ということを目指しています。

ですから、「どういうサイトを上位に表示するのか」という観点から算出する方法と基準（アルゴリズム）を常に考えてアップデートしています。

中でも、検索ワードとマッチしているかどうか、長く運営している歴史のあるサイト、そもそも訪問者数が多いサイト、最新の情報がアップされている、といった基準をもとに有益なサイトかどうかを判断し上位表示する、と言われています。

売り伸ばすためにサイトへの流入が欲しい、そのために検索エンジンで上位表示されたいのであれば、これらの基準を常に意識して、サイトを構築するようにしたいところです。

検索ワードとマッチさせるには、やはり顧客になってくれる人が「問題だ」と感じているニーズをサイトで表現するべきですし、同時に、それを解決するために自社が提供できる価値をサイトでしっかりと説明します。

毎回、最新の情報をアップするのは確かに大変です。ですから、より手間がかからないブログ記事をサイト内でアップするとか、YouTubeに動画をアップしてホームページに貼り付けるなど、できることは数多くあります。

小手先と邪道は絶対に禁止です！

私も、月に数回はブログ記事を書き、そのたびに記事の「タイトルだけ」をホームページの「お知らせ」のところに表示するようにし、そこに貼ってあるリンクから記事にジャンプできるようにしています。

これによって、わざわざ新着情報をアップしなくても再訪者に「この前と違う情報がある」と思ってもらえますし、Ｇｏｏｇｌｅも新規更新があったと認識してくれるでしょう。

一方で、**小手先だけの邪道な方法は絶対に避けましょう。**

笑い話のようですが、かつては検索に引っかかるキーワードを多く載せるために、「白バック地に白い文字でキーワードを羅列した」といったケースもありました。ホームページ上は見えないけれど、裏側に文字としては存在するので、Ｇｏｏｇｌｅの検索には引っかかりやすいと思ったのでしょう。

また、他のサイトからリンクを貼られている被リンクという状態を、Ｇｏｏｇｌｅが高く評価してくれていた時期があったので、まったく関係のないサイトからリンクを貼りまくった、などの企業があったそうです。

とはいえ、世界でもトップクラスのＩＴ最先端企業にとっては、そんな小手先の業を見破るのは朝飯前でしょう。Ｇｏｏｇｌｅは創立時に「邪悪になるな」という社是を掲げていました。ＮＧと判断されると、削除に近い形で表示もされなくなるそうです。

ネット広告で見かける残念な事例は、スマホで表示された広告を消したいときにタップする小さいバツ（×）です。無料で見られるコンテンツにも出す側にはお金がかかっているので広告が表示されるのは当然のことです。

しかし、これも長く広告を表示させたいためにバツを小さくしたり、白いバックに白いバツで見えにくくしたりするケースもよく見かけます。

見てもらう人が将来の顧客候補ということを考えると、このような不快な思いをすると好感度は下がり、ブランド価値も下がります。

「売ること」はあくまで手段。**重要なのは顧客価値を生み出すことです。何事も正攻法でいきましょう。**

SNSは、売る場所、宣伝する場所ではない

ジュエリーの販売や、飲食店、美容サロンなどはインスタグラムと相性がいいビジネスです。

一方で、「インスタを一生懸命やっているんですが、売り上げにつながりません」「フォロワーが増えないんですよね」という悩みを抱える方も数多くいます。

SNSでは「他者に見てもらう」「いいねやコメント、RTなどのアクションをしてもらう」と、タイムラインやおすすめにより多く出てくるようになります。

ツイッターやインスタグラムには、「多くの人が共感し、アクションをしている投稿がいい投稿だ」と考えるという事実が背景にあるからです。

これがSNSの基本的なアルゴリズムです。

ではどんな投稿をすれば、「いいね」や「コメント」がもらえるのでしょうか。

これも、ある種の「顧客視点」、つまりフォローする側の立場に立つとわかると思いますが、闇雲に商品をアップし売り込んでも見る気になりません。というか逆に見る気がなくなります。

考えれば当たり前ですが、**人は自分にとって有益な情報しか見たくありませんし、共感したり感動して心が動いたときに「いいね」や「シェア」をしたくなります。**

たとえば、

図表2-1：メディアと人のつながり

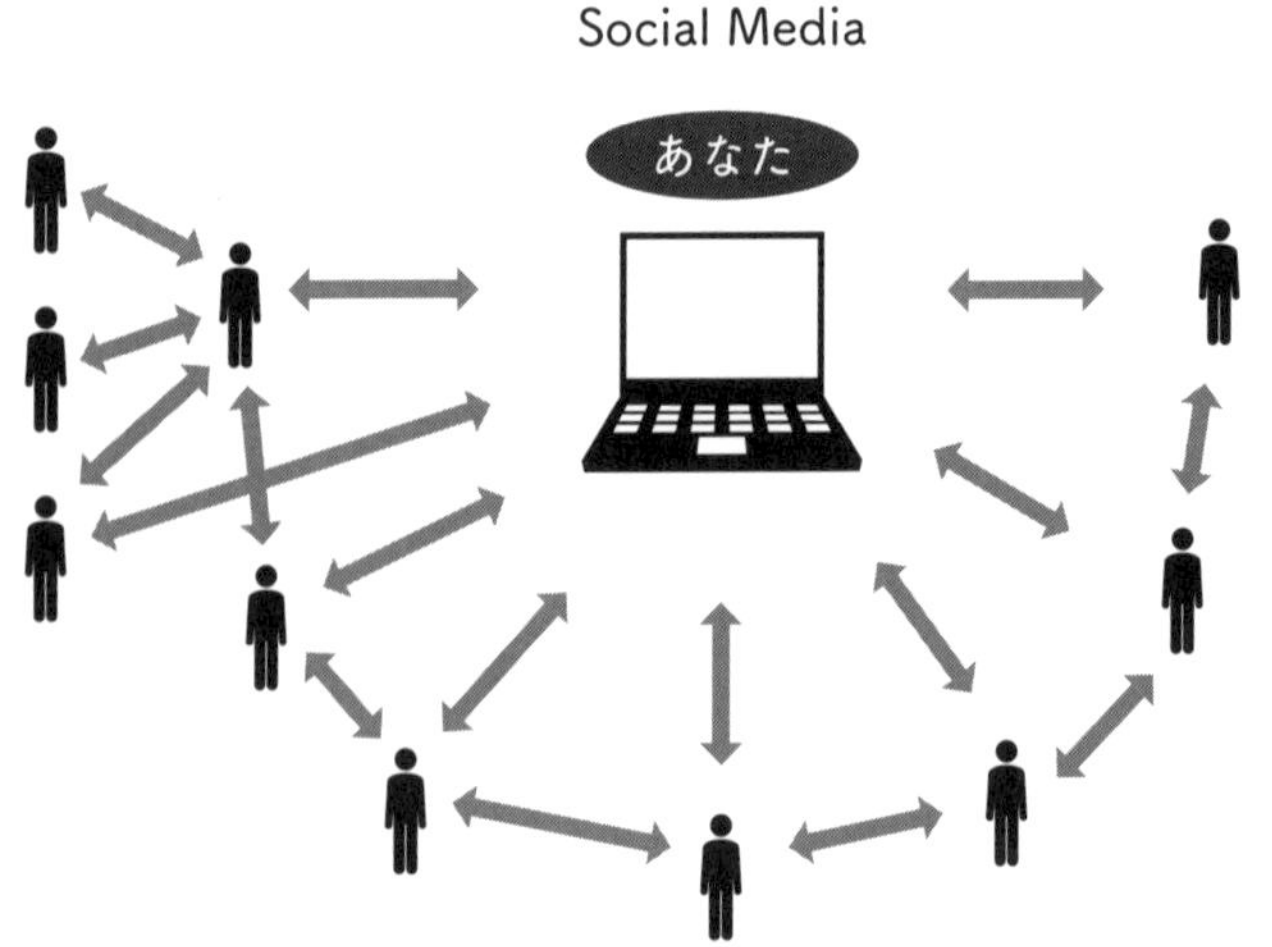

ためになる、面白い、かわいい、美味しそう……。

SNSを「売る場所」「宣伝する場所」と考えずに、「自分もうれしかったこと」「感動したこと」を発信して**「つながる場所」**と考えるほうが、これらのエンゲージメント（つながりによる関係性）が高くなります。

あなたが発信した情報は、まずあなたにつながっている人たち、フレンドやフォロワーが見ます。そして、この人たちがいいねとかコメント、RTをすると、あなたとは直接つながっていないけれどフレンドやフォロワーとはつながっている、フレンドのフレンドやフォロワーも投稿を見ることになります。

その結果、あなたが知らない人たちが「いいね」をして、さらに広がる、ということになります。

ビジネスでは「売り込みの情報」はそもそも不要なのです。みんなが信じ参考にするクチコミのような拡散する情報は、あなたが得をする情報ではなく、見た人にとって「ためになる情報」なのです。

誰が、あなたの情報を見てくれているのか

インスタグラムにも特有のアルゴリズムがあります。

インスタでも「いいね」や「コメント」を多くされると、情報が広がります。

それに加えて、検索やおすすめのページに表示されたり、タイムラインに自然に上がってきたりすると、より多くのインスタグラマーに見られ、クリックされたり、「いい

ね」をもらえたりして、フォロワーも増え、ひいてはビジネスにつながります。

インスタではいいね、RT、コメントに加えて、「コレクション」されると高く評価されます。

投稿の右下にあるマークをタップすると、その投稿を保存でき、後でいつでも見られるようになる機能です。

インスタは「見た人が保存するということは、有益な投稿だ」と判断して、より多くの人に対して掲出しようとします。閲覧者から保存される投稿が多いと、表示も増え、ひいてはエンゲージメントやフォロワーが増えていきます。

では、どういう投稿が保存されやすいのでしょうか。ここでもやはり**閲覧者にとって有益な情報**、たとえば食品の投稿をしているのであれば「レシピ」とか「材料を選ぶコツ」など、あとで見返すことができるもの、といった具合です。

画像にこのような「見る側が喜ぶこと・使えること」を加えることで、**イメージ画像**

が「有益な情報」に変わります。ひと手間かけることで、自己満足の写真ではなく「コンテンツマーケティング」に変わるのです。

Googleほどではありませんが、インスタやフェイスブック、ツイッターも投稿ごとの分析ができます。

インスタの場合、あなたの投稿した画像の下に青い文字で「インサイトを見る」というところをタップすると、その投稿のいいね、コメント、保存の数が表示されます。また概要としてどれだけの人にリーチできたか、プロフィールを見てくれた人が何人いたか、フォロワーとそれ以外の比率、ハッシュタグから来たのは何人か、がわかります。

投稿をしているのに成果が出ない場合、毎回比較して「どのような投稿だといいねが多いのか」「ねらった通り保存してくれているか」「ハッシュタグは正しいか」の傾向をつかんでいくのが大事です。

TikTok、YouTubeのアルゴリズムにも同じような特徴があります。

紙幅の関係もあるので、ここでは細かいテクニックを説明しませんが、ＳＮＳの仕組みも、とても早いスピードで変更されていきます。

大事なことは「**自社のマーケティング活動の成果を測る仕組みがあることを知ること**」、そしてそれらを使えば「成果につなげられること」です。

さらに、やりっぱなしで終わらせず「常にチェックして改善すること」です。

誰も読まないメールマガジン、２つの謎

最近ではＬＩＮＥや自社アプリを用いたコミュニケーションが主流になってきましたが、やはり不動産などの高関与商品やＢtoＢの商材、展示会やセミナーへの集客であれば、今でもメールは強力なメディアであることは変わりません。

一般的に、ホームページなど、インターネットのメディアはターゲット層が興味のあるとき、そして自分が見たいときにわざわざネット上のその場所に見にいくものです。

ですから、実は売り手側の都合で見てもらえるものではありません。

例外は2つだけです。それはアプリとメールです。

この2つは自社のタイミングで送ることができ、受信者に対しては、こちらが設定した時刻に届けることができ、大半の場合は「送ったよ」という通知もできます。

アプリであれば、スマホに丸くて赤い数字や通知を表示できますし、メールも受信トレイに入ったという通知がなされます。その意味では、インターネットのメディアの中では特殊なメディアです。

メールはＬＩＮＥやメッセンジャー、ＳＮＳなどと比べても、「しっかり中身を見てもらえる」可能性が高いメディアです。

しかし、それは受信トレイにあるメールを「開封」してもらうことで成立します。ところが、開封してもらえず、そのまま捨てられる、流される、迷惑メールフォルダーに分類されてしまうメールが多いのが現実です。皆さんの受信トレイにも、開封せずに放置されているメルマガなどがたくさんありませんか。

開封されない理由は大きく2つです。

1つは、「**興味がないので開けずに放置される**」ことです。

これもSNSで説明したポイントと同じですが、まずは受け手にとって中身が有益なことが最も重要です。

メルマガでは、連載の漫画のように次も読みたくなる中身を目指し工夫します。

開封してもらうにはメルマガのタイトルを工夫することです。受信トレイにずらっと並ぶのはメルマガのタイトルだけです。こうなると、多くの場合は他のメールの「件名」の中に埋もれてしまいます。

タイトルは広告のキャッチコピーと同じです。件名に【期間限定!】とカッコをつけるなど、思わず開封したくなるように工夫してみます。

多くのメールブラウザでは、タイトルの次に「プレビュー=ちょい読み」ができるようになっています。この点に注意して、メルマガの最初の20~30文字で目を引くように工夫すると開封してみようという気にもなります。

これは広告の「サブコピー」に似ています。

私もメルマガを書き終わってから、件名とプレビューをいかに魅力的にするか再考していますが、2つ合わせても5分もかかりません。これもほんのひと手間のことなのです。

開封されない2つめの理由は、**「迷惑メールに自動的に振り分けられてしまう」**ことです。

いつも開封するメールや重要マークをつけたメールはメインの受信トレイに入りますが、売り込みばかりのメールはプロモーションメールに入れられてしまいます。

ひどいときには迷惑メールフォルダーに自動的に入れられていることもあります。

受信トレイに入らない理由は、受信者があまりに開封しないことに加えて、多くの人が「これはプロモーションだ」とか、しつこい、自分に関係ないと感じると迷惑メールとしてGoogleに報告します。

これが積み重なると、スパムメールと認識されてしまいます。

また、私はGoogleのGメールのサービスを使っています。Googleは特にこのスパムフィルターが強力です。たまに取引先のメールが受信トレイに見つからず、探してみると文章に「リンク」が多く貼ってあったために迷惑メールとされ、見逃しそうになることがあるくらいです。

メルマガだと余計にこの確率は上がります。こうなると開封率は極端に下がるので、受信トレイに入れたいところです。

ここでもやはり有益な情報を送ること。「売り込む」のではなく価値を伝えることが大事になります。

メールマガジンを送るときも、送る方法によっては先ほど紹介したような分析ができます。メールタイトルの工夫で開封率を上げる、登録の解除率が高い場合は、

①そもそも中身が期待通りではない

②記事のタイトルで期待した内容とコンテンツとが異なる

といった理由が考えられます。この①、②のどちらなのかを発見するために、クリック率を計り、希望のリンク先に行っているかを確認します。

メールマガジンの数字で大事なのは、送付総数や開封率、クリック率だけではありま

せん。コンバージョンと呼ばれる「目的の数字」、ＥＣであれば売り上げ、販売促進なら申し込み、ＢtoＢなら問い合わせの総数です。

開封やクリックがコンバージョンにどれだけつながったのかを最重視して検証をしてください。

顧客の「買いたい」を逃がさない、顧客の「ストレス」を取り除く

コロナ禍にあっては、外出を控える人が多かったため、外食産業の売り上げが大きく落ち込みました。最近では客足が戻っている部分もあるものの、コロナ前・コロナ後とでは、まるで違う世界のようです。

政府もさまざまな支援策を打ち出しましたが、これに頼ってばかりでは事業のサステナビリティ（継続性）を望むことはできません。

多くの外食店は、テイクアウトを展開したり、宅配サービスを始めたりしました。

アパレル業界は、リアルの店頭販売だけでなく、インターネット通販にシフトしてい

くなど、それぞれ「売り方」を変えていくことにより活路を見いだす例も多くあります。

「餃子の王将」を展開する王将フードサービスは、来店前に勘定を決済できるシステムを広げたり、巣ごもり需要に対応し、電子レンジで調理できる商品を投入しました。デリバリーサービスに対応できる店も大幅に拡大したと報じられました。

その結果、持ち帰り販売はなんと2・2倍にも増えたため、各店舗販売の減少をある程度補った、とのことです。

どの打ち手も、顧客ニーズに即した考えに由来しています。

いくら優れた商品を提供できても、**顧客に不安や手間、時間的な不便さなどを感じさせてしまうと、購入してくれなくなります。**売れる商品やサービスにするには、このような**顧客のストレスを見つけ出し、いち早く取り除くこと**が必須です。

「どこで売るのか?」を顧客視点で読み替える

アマゾンが買収したホールフーズは、オーガニック食品で有名なスーパーマーケットチェーンです。

スーパーといっても、広大な敷地を誇り、イートインスペースもあって、小さなショッピングモールといった感じのする楽しい店です。

そんなホールフーズですが、コロナ前の2019年、私がニューヨークに出かけた際、店頭で「アマゾンロッカー」を発見しました。

急に必要なものができた場合、顧客はオフィスで注文して、帰宅時にそのロッカーで受け取ることができます。

当然、その顧客はホールフーズでそれ以外の商品も購入するので、売り伸ばしにもつながります。

アマゾンは私にとっての古巣とはいえ、なぜリアル店舗中心のスーパーマーケットチェーンを買収したのか不思議でした。

もちろん、ネットユーザーとは違うリアル店舗ユーザーの顧客データベースが欲しいというのもあるでしょうが、それ以上に、顧客が便利に「受け取れる場所」を追加した、というのが本当だと思います。

日本にもアマゾンの宅配ロッカーはありますが、それを店頭に置いた、という感じです。

売り場所について、1カ所で売ることを**シングルチャネル**、複数の場所（ネットとリアルを含めて）で売ることを**マルチチャネル**と呼びます。

これに対し、リアル店舗やEC、さらにSNSなどさまざまなメディアと、自社の販売チャネルを連携させることを「**オムニチャネル**」と呼びます。2010年くらいにリアル店舗事業者がECに対抗するために考案したコンセプトです。

それまではECとリアルは別でした。いわばクリック（＝EC）・オア・モルタル（＝リアル店舗）のどちらかだったのですが、クリック&モルタル（どちらでも）という状況になり、リアルで見てネットで買うショールーミング、あるいは、その逆のウェブルーミングなどの購入の仕方も広がってきます。

これはIT、つまりソフトとデバイスも進化を遂げ、インフラも充実してきたため、顧客は「ウェブとリアルの区別」を意識しない（＝シームレス）ようになってきたということです（『コトラーのH2Hマーケティング』を参照）。

こうなると、売る側としても、**できる限り多くのターゲット層に触れられるタッチポイントを増やしたい**ところです。

ここで気をつけたいのは「どこで売るのか？」という売り手目線だと顧客ニーズを捉えられず空振りになってしまうということです。

どうすれば、顧客は「便利」に「探し」「買い」「受け取れるか」、ここでも主語を顧客にして考えることが大事になります。

スターバックスやマクドナルドのモバイルーオーダーも、「注文できる場所」を追加していることになります。

また、セブン―イレブンがPUDOステーションを使ってヤマトの受け取りができる宅配ロッカーは、3つの企業がそれぞれ得をする仕組みとなっています。

この点からも、オムニチャネルは、「売る場所」を追加するマルチチャネルとは根本的に違うことを認識しましょう。

第3章

顧客の心理は、日々変わっている

顧客は変わり続ける生き物です

さて、「売れない問題」が発生し、PTCモデルのC、すなわち「どうやって」について、いろいろ考察してきましたが、この点を改善しても、売れ行きが伸びない、あるいは落ちていく、という状況が変わらないこともあります。

この場合はTの「誰に」、つまり「ターゲット層」について考察してみます。

ここで1点注視したいことがあります。それは、顧客コミュニケーションの「どうやって」の打ち手が成功したからといって、「誰に」を考えなくていい、ということではない、という点です。

なぜなら、顧客は常に変わり続けるからです。

たとえ、最初のマーケティング計画の段階で、PTCがうまくいき、順調に売れていたとしても、環境の変化や新しい商品・サービスの登場、ライバルの出現によって、顧客の心理に影響して、志向と行動様式が変わり続けます。

そして、この変化はあるときは急激に、あるときはゆっくり変化します。ですから、私たち事業者側がよほど注意していなければ気づくことが難しいのです。

売れていてもいなくても、計画通りでもそうでなくても、「どうやって」がうまくいっていてもいなくても、気づかないうちに変わりゆくターゲット層に関する情報収集と分析が重要である点はここにあります。

つまり、第2章の「どうやって」では、打ち手そのものに不具合があった場合について考えたのですが、ここでは**顧客の変化**によって、うまくいっていた「どうやって」がズレてきた、というケースについて考えていきたい、ということなのです。

それだけではありません。

先に、「①何を、②誰に、③どうやって」の順でマーケティング戦略を立案すると説明しましたが、この「誰に」のターゲティングが間違っていた、というケースも想定されます。

売り先が間違っていたら、すなわち欲しくもない人たちにアプローチをしていたら、どんなに商品やサービスが優れていても、いつまでたっても買ってくれません。

さらには、ここでも「もったいない」売り逃しについて、考える必要があります。

そもそも、当初考えていた「ターゲット層」だけが、あなたの商品を必要としていた人たちなのか、という点です。

商品やサービスの開発者、販売者が当初考えていた使い方とは違った需要が、ユーザー側の創意によって、または勝手に想定とは違う使い方をして、生み出されることがあります。

この点についても、本章で事例とともに考えてみましょう。

その営業強化は、ムダな努力かもしれない

では、どのように「誰に」について、考えていくのかを整理してみましょう。

ターゲット層の設定が間違っていた場合、あるいは顧客の志向や行動様式の変化によってズレが生じて「売れない問題」が発生すると、こんな状況に直面することになります。

- **新規顧客が取れない**
- **既存客が離れて売り上げがじりじり下がる**

売りの現場ではよく起きる状況です。

「何を、誰に、どうやって」のどれが間違っていても、このような症状が出るのですが、特に、「顧客の変化」に伴って既存顧客が離れている場合、あるいは、ターゲット層の潜在的な広さ・大きさや広がりを見逃していて新規顧客が獲得できない場合も多いので注意が必要です。

ここで、事例を考えてみましょう。あまり深く考えることなく、ターゲット層についての分析を怠ったまま打ち手を考えるマネジャーがいるとします。

こういう人は往々にして、次のような「原因」と「打ち手」を口にします。

「売り上げが落ちているのは、取り扱い店舗数が減っているからだ。開拓するために飛び込み営業を強化せよ」

「小売店にリベートを出して、もっと仕入れてもらって店頭での露出を上げさせろ」

「営業担当者は、努力が足りない、足で稼げ、1日の訪問店数を上げよ」

「広告が足りないから、もっと出せ」

「全員のSNSの発信数を増やして、顧客のリテンション（=維持）を上げろ」

もちろん、これらがすべて間違っているわけではありません。

しかし、やれ！と言われるほうは、「なぜやるのか」「やると何が改善されるのか？」「売り上げがどう上がるのか？」が理解できないので、現場のテンションは著しく低下します。

結果が向上しないだけでなく、働く人々は「ムダな努力をさせられている」という虚無感に襲われるため、仕事の精度そのものが下がり、以前よりも悪い状況に陥る、というマイナスのサイクルにハマりがちです。

目の前でお金を出してくれる人が、顧客とは限らない

ここで、「そもそも論」に立ち返ってしまい恐縮ですが、「何を、誰に、どうやって」について考察する場合、「誰に」にどうフォーカスしているのか、その意識のあり方はとても大切です。

要は、あなたの商品やサービスを本当に必要としている人、使っている人は誰なのか、という点です。なぜなら「**ニーズのないところにビジネスは生まれない**」からです。

先ほどの間違った指示を出したマネジャーの例を見てください。

「取り扱い店舗数を増やせ」「小売店へのリベートを出せ」

これらは、単に自社の行動量を増やすことだけを指示しています。商品やサービスを必要としている本来のターゲット層、つまり実際に商品を使うエンドユーザーのことが頭から消えています。これではなかなか売れません。

「エンドユーザーが本当のユーザー」とは、多くのビジネス書で、口を酸っぱく言及されているので「またか」と思われるかもしれません。

しかし、一生懸命に仕事をしていると、つい売り上げや利益、訪問数や行動量という「数字」だけが指標となってしまうのが実情です。

そのため、「本当の顧客」を見失ってしまい、目の前でお金を出してくれる人や会社への対策に意識が向かってしまいがちです。

たとえば、あなたが展開しているビジネスが、飲食店や小売業などBtoCで直接来店者に相対していれば、顧客にフォーカスすることに問題はないでしょう。

一方で、卸、販売店、小売店などを介して、エンドユーザーに商品やサービスを届けるビジネスを展開している場合、商品を卸す取引先だけでなく、実際に商品を使うエンドユーザーに対しても、誰がターゲットで、どのようにアプローチするかを深く考えなくてはいけません。

ここでは、次のポイントに気をつけたいところです。

直接の取引先だけを見ていると、間違ってしまう。
しかし、エンドユーザーだけにフォーカスしていても間違ってしまう――。

商売では、よく「三方よし」と言われます。「売り手よし、買い手よし、世間よし」ということで、いまの滋賀県に源流を求められる近江商人の心得として伝えられています。

売り手にとっても、買い手にとっても、利得のある商売で、しかも社会に貢献しなければいけない――。とても素晴らしい考え方だと思います。

この商売の本質は、現代にも通じる普遍性をまとっています。

ビジネス全体に関わる利害関係者すべて、さらには社会全体にも貢献するものでなければ、持続性（サステナビリティ）がありません。

では、ここで「誰に」について深掘りしたことによって、成功につながった実例をいくつか見てみましょう。

ドラッグストアに奪われた顧客

愛知県名古屋市に本社を構える天野商事という会社があります。1899年に創業した天野エンザイム（旧天野製薬）という製薬会社のグループ企業です。

天野商事の業務は、一般の薬局や同じグループにあるドラッグストアチェーンにOTC医薬品や健康関連の商品を卸すのが主でした。

OTC医薬品というのは、英語のOver The Counterの略で、カウンター越しに販売される、いわゆる（処方箋なしで購入できる）市販薬のことです。

かつて私たちは、風邪を引いた、胃の調子が少しおかしいなど、市販薬が必要となった際には、近所の薬局に出向いたものです。

ところが、大型のドラッグストアチェーンの興隆もあって、エンドユーザーの購買行動が大きく変わります。

一般の薬局ではあまり医薬品を買わなくなってきてしまったのです。

こうした事態に、個人薬局での販売を手がけていた天野商事の社長は、「これからどうなっていくだろう」と頭をひねって考えていました。

その結果、次のような分析をポイントとして挙げました。

- これからはエンドユーザーがＯＴＣ医薬品を買うチャネルが多様化する
- 便利なドラッグストアは増え、個人薬局は減っていく
- 一方で、国の政策である医薬分業が進み、調剤薬局は増えていく

社長が分析で得た気づきはとても重要です。

状況の変化によって、売れ行き不調になると、先にも紹介したように、「もっと足繁く薬局に通って、店主と関係性を深めよ」と、行動量を増やしがちですが、社長はその前に市場と業界全体の変化を考えたので

す。

まだ見ぬ販路は、思わぬ場所にある

分析の結果、これから店舗数が増える可能性が高いけれども、大手が手をつけたがらない調剤薬局が未開拓だ、ということに目をつけました。

新規販路＝売り先の開拓をしよう、そのために調剤薬局に力を入れよう！

新たな戦略を考えたのです。

調剤薬局の基本的な仕事は、患者が病院などでもらってきた処方箋を受け取り、正確に薬を処方して渡すことです。

ドラッグストアを利用する顧客は、ＯＴＣ医薬品を求める際、同時に健康関連商品を買うので、調剤薬局でも同じように買うだろう、と考えたのです。

次に、調剤薬局に来る患者たちの行動をイメージしてみます。

患者は処方箋を渡したあと、処方薬ができるまでの間は、当然待合で待つことになります。その間に、欲しくなる商品が置いてあれば、買ってくれるのではないか、と考えました。

もちろん当時から調剤薬局でもＯＴＣ医薬品などを売ってはいましたが、それほど積極的に展開しているわけではありませんでした。

なぜなら、調剤薬局側は商品を売って稼ぐという意識もそれほどありませんでしたし、薬剤師さんと事務担当の方々という少人数による運営で、とても忙しく働いているため、商品を覚えたり、並べたり、棚出ししたり、などに割ける時間はありません。

そこで、新しい「誰に」を考えるためのポイントを挙げてみます。

この「誰に」に、「何を」「どうやって」買っていただくのか、皆さんも一緒に考えてみてください。

- 調剤薬局に来る人たちにも、ＯＴＣ医薬品や健康関連商品の需要はありそうだ

・忙しい薬剤師さんは新しい商品を仕入れて商品情報を覚えて売る時間はない
・当然、薬剤師さんは、どの商品をどうやって売ればいいのかもわからない
・調剤薬局はドラッグストアと違って、調剤薬局のスペースは限定的だ

さあ、この課題、どうやって解決すればいいでしょうか。

薬局の店内で「自動販売機」のように売る仕組み

天野商事の社長は、調剤薬局に来る患者のためになって、さらに薬局の売り上げアップにもなる方策を考えました。

先ほどあげた条件をベースに、場所を取らず、手間もかからない、いわば「自動販売機」のような販売方法はないか、と考えたのです。

そして思いついたのが、商品を並べることができる什器《じゅうき》を天野商事が自社でつくって、そこに商品を自社で並べようというアイディアです。

図表3-1：天野商事の設置した什器

天野商事
「おまかせ」什器
1. 調剤薬局向け
2. 無償で什器提供
3. 営業員が商品補充
4. 季節商品の提案
POPの掲出

⬇

・売上増
・手間不要

什器は3段になっていて、そこに数種類の商品を置くことができます。主に、ハンドクリームや化粧水などの化粧品、青汁などの健康食品、温泉の素などの日用品、のど飴なども置くことができます。

天野商事の営業担当者は調剤薬局にこの什器を置いてもらい、商品を納品すると同時に自ら陳列も行い、ＰＯＰを貼ったり、化粧品のサンプルなども渡したりします。

営業は、いまの売れ筋商品は何か、という薬局の疑問には即座に情報を提供し、また季節ごとに陳列する商品を並べ替えるために訪れます。

この一連の活動によって、調剤薬局では自ら商品を並べる手間もかかりませんし、売れ筋商品を調べる必要もありません。

薬局がやるべきことは、患者がレジに持ってきた商品をＰＯＳに通すだけ、となります。

薬局とオフィスのお菓子、カミソリの替刃の共通点

天野商事が作り上げた仕組みは、職場などにお菓子を並べるオフィスグリコや、オフィスでコーヒーを販売するネスカフェアンバサダーとも共通する特徴があります。

いずれも「ジレットモデル」と呼ばれるビジネスモデル（＝仕組み）です。ジレットモデルとは、マーケティングにおいてはとても有名な販売手法です。

アメリカのひげ剃り用の安全カミソリを販売するジレットが、本体を（買いやすい低価格低利益で）買ってもらって、替刃を繰り返し買ってもらうという手法をとったことに由来します。

この販売モデルは、同じ顧客に繰り返し買ってもらって収益を上げられることに特徴があります。

オフィスグリコであれば、お菓子を置くボックスを設置し、定期的に商品を入れ替えることにより売り上げが上がりますし、ネスカフェアンバサダーも同様に、コーヒーメーカーをオフィスに置いてもらうだけです。

調剤薬局の例も、いったん什器を置いてもらえれば、その什器が「自販機」のように働いてくれます。

さらに天野商事が「季節ごとの売れ筋商品」を知っている、という強みは、調剤薬局にとっても収益性の高い商品を適切な時季に仕入れられる、という利点につながります。

この事例から学べることは、次の3点になります。

①市場の変化に敏感で、調剤薬局の伸張を予測、新たな「誰に」を追加できた

②顧客（薬局）の価値（＝カスタマーサクセス）は「時間と手間をかけずに売り上げが

上がる」ことと見抜いた

③継続的に売れる仕組みを作った

皆さんも、自身のビジネスで新たなターゲット層を見つけ、継続的に「買っていただく」仕組みを考えてみてはいかがでしょうか。

「本当のターゲット」は、どこにいる？

先ほど、エンドユーザーの動向に着目しよう、ということで、調剤薬局を訪ねる患者さんについて説明しました。

つまり大切なのは、「顧客の顧客」について考える、ということです。

顧客のゴール、自社にとっての「カスタマーサクセス」とは何なのかを定義して、その定義にたどり着くための仮説を立て、能動的に提案をしていくことが重要です。

T（誰に）に関係して「売れない問題」が発生しているとするならば、次のような背景があると考えます。

ターゲット＝想定顧客像の解像度が粗い

自社の商品やサービスを購入してくれる、使ってくれる「ターゲット」が明快に定義できていない、また、焦点がズレてぼんやりしていると、どんなにお金や労力をかけても、広告、販促、営業が効きません。

【解決ポイント！】

そもそも論になりますが、まずは次のような整理をします。

- **顧客とは誰なのか？**
- **ターゲットと何が違うのか？**

この2点をしっかり認識することが大切です。皆さんも考えてみてください。ここでは、顧客とターゲットについて、次のように定義します。

● **顧客とは、1回以上購入・契約したことがある人たち**

● **ターゲット(層)とは、「あなたの商品に価値を感じてくれるであろう」人たち**

ですから、「どうやって」にいくら工夫を凝らして経営資源(ヒト、カネ)を投入しても、結果が出ない場合は、「買ってくれる人」と「使う人」が違うのではないか、「買ってくれる人」をしっかり認識できていないのではないか、と自問自答してみましょう。

あなたのプロダクトがあなたの手を離れて、顧客に届き、顧客が使い、顧客が使い終わったあとどうするか、までを洗い出してみます。

いわばバリューチェーン(価値連鎖)の、それぞれのフェイズに隠れている潜在的な顧客ニーズをつかむということです。

バリューチェーンとは、ハーバード・ビジネススクールのマイケル・ポーター教授が提唱した概念（フレームワーク）です。

自社のビジネスの流れにおける、それぞれの工程、原材料の仕入れから製造・販売、サービスの提供などのつながりを「価値の連鎖」ととらえ、それぞれの工程で「価値」が付加されていることを可視化する、というものです。

ですから、生産された製品が、流通を経て消費者に届く流れを表すサプライチェーンと似ていますが、バリューチェーンは「付加価値がついていく流れ」を表す点が違います。

では、具体例を見てみましょう。

「うちの営業は、売りやすいモノから売る」

今までの営業スタイルが効かなくなると予見して、打ち手を考えた生産材メーカーの社長がいます。

群馬県太田市に本社を構える株式会社ベンカンは、水道管の継手のメーカーとして知られています。「継手」というのは、管と管をつなぐ部品です。

このベンカンの社長（当時はＣＯＯ）には嘆きたい点がありました。

「うちの営業はモノしか売らない、売りやすいモノから売る」

会社にとっては、追加注文やリピートのメールが続々と送られてくるのが理想です。しかし、それがあまりこない。

売り上げが好調な現在はいいのだけれども、先行きを考えると、営業にもイノベーションが必要だと考えました。


生産材というものは、売り上げを上げようとする場合、どうしても価格による競争に陥ってしまいがちです。

ベンカンにとっての商流は、ベンカンが商社や問屋などの卸売業に卸し、施工業者、水道工事会社、ゼネコンなどは卸売業者に注文をすることになります。

営業が売り込むのは卸売業ですが、製品の「実際のユーザー」は施工業者など工事をする会社です。

「実際のユーザー」から見ると、問屋さんなど卸売に置いてある材料は「何も働きかけがない」限り、「すべて同じ」に見えてしまうので、問屋さんの言いなりに契約・購入します。そして熱心にマーケティングや営業を学んだベンカンの社長は気づきます。

お客さまは2種類いた！

「実際のユーザー」に直接働きかける

ベンカンの製品を買うのは商社や卸問屋ですが、実際に製品を使うユーザーは、その問屋さんの売り先の水道工事の会社、建設業、建築業です。

そこで、製品の販売を問屋任せではなく、「実際のユーザー」から指名買いしてもらえるようにしよう、という方針に舵《かじ》を切りました。自社成長のキーマンは「ユーザーだ！」と気づいたのです。

マーケティングというと、食品や衣料などの最終消費財を個人に買ってもらえるようにするBtoCのもの、と思い込んでいる人がいます。法人への営業は、マーケティングとは無縁だというのです。

これは、「営業のマーケティング」を体系的に理論として構築した考え方が少ないためでしょう。

しかしBtoBも、マーケティングの考え方が使える、という点には違いがありません。BtoCで用いられる手法をベースに、少しだけその方法論を変えていけばいいのです。

ベンカンは、まずターゲット層の設定に着手します。

これまで自社製品を問屋経由で契約してもらった工事会社をセグメントし、RFM分析してみました。

RFM分析とは、「**最終購入日**（Recency）」「**購入頻度**（Frequency）」「**購入金額**（Monetary）」の頭文字をとったもので、もちろんRは直近で、FとMが高いほうがありがたいお客さま、ということになります。

そしてベンカンはRFM分析により、顧客グループのうち、優良な契約をしてくれた会社を優良な顧客と推定します。

自社の製品と営業スタイルに響く顧客像を設定し、その会社に優先してアプローチすることにしたのです。

顧客データを分析したが、成果につながらない

ところがベンカンの営業担当の多くは、それまでも（工事などの）現場に行ってはいるものの、（実際のユーザーの）顧客名簿などはありませんでした。対象になる企業の数も多いですし、そのすべてを把握することなどできません。「どうすればいいんだろう、どこから手をつければいいのだろう？」という次の課題が生まれました。

そこで気づいたのが、マーケティング・オートメーション（MA）です。MAとは、保有する顧客のデータを集めて、ソフトウエアに入れて定期的に連絡をすることで売り上げにつなげていく手法です。

具体的には、営業の集めた名刺をベースにメルマガを発送し、スコアリングして優先順位を決めて営業を仕掛けていきます。

先に、無定見なMAの導入は結果に結びつかない、という趣旨のことを書きましたが、もちろん戦略をしっかりと定めたうえで活用するのであれば、有力な武器になることは間違いありません。

さっそく営業兼任で担当者を決め、MAツールを導入するための事業者に依頼し、導入してみました。

この担当者は覚えも早く、保有しているデータも分析できて、質の高い分析のレポートを提出してくるようになりました。

しかし、なぜか売り上げにはつながりませんでした。ある程度の期間、実施したのですが、MAをいったん中止することにしました。

「本気のマーケティング」を成果につなげる

なぜMAを導入したのに、うまく成果につながっていかなかったのか？　自身で問題を深掘りした社長は1つの解にたどりつきます。

ＭＡの担当者が、顧客やマーケティングそのものを理解しなければ、結果につながらない――。

これまで社長はマーケティングというものを社内に定着させることに苦慮していました。しっかり定着させるには、起点となるキーパーソンの育成が欠かせない、と考えるに至ったのです。

そこで、ＭＡによる分析を中止してから数年後、本腰を入れて、組織そのものを変更することにしました。

今度は営業の兼任ではなく、マーケティング専任の担当者を2名、任命したのです。この2名は私のもとでマーケティングを基礎から4カ月間学び、うち1名をＭＡの担当者としました。

新規の担当の方は、さっそくそれまで持っていたメールマガジンのアドレスと、営業部門が所有していた名刺などを合わせて顧客データをまとめ、ＭＡを開始しました。

スコアリングをし、ウェビナーや工場見学などを案内して積極的に活動します。

ちなみにＭＡそのものは前回と同じシステムを使ったそうです。メルマガで告知、アクセス数やリンク先の重要度に応じてスコアリングし、スコアの高い顧客候補を優先して営業をするようにしました。

その結果、1年でベンカンは、ホームページへのアクセスも2倍近くにすることができました。

さらにこれからは、このデータを活かして、インサイドセールス部門を強化、フィールド営業チームと連携して売り伸ばしていく戦略を立てています。

この事例のポイントは以下になります。

①トップ自らが、粘り強く売り伸ばすためには、「マーケティング戦略」を実践しなければならないと考えた
②顧客には2種類いて、「エンドユーザー」にしっかり目をつけた
③不特定多数のエンドユーザーから、優良な顧客に効率よく当たるには、MA（マーケティング・オートメーション）が優れた手段であると気づいた
④しかしMAはあくまで「手法」に過ぎず、組織と文化を変えなければ成果が出ない

と理解した

いずれも当たり前のようですが、日々のビジネスに追われていると、つい見失いがちなポイントですので、適宜見直してみるとよいと思います。

「使うユーザー」と「買うユーザー」の違いに気づく

本書を読んでいる皆さんも、小学生の頃、ジャポニカ学習帳を使っていたのではないでしょうか。私も小学生のころによく使っていました。いわゆる「ノート」と呼ばれる商品のことです。

緑の縁のデザインの表紙が特徴で、国語や算数など科目別に分かれています。表紙の真ん中には写真が載っています。

製造・販売しているのは、ショウワノート株式会社という富山県高岡市に本社のある文具メーカーです。

ジャポニカ学習帳は、現在も販売され、多くの愛用者がいるロングセラーのヒット商品です。

先日、テレビ番組で、製造元のショウワノートの方が出演しているのをたまたま見ました。

もともと、小学館発行の『ジャポニカ大日本百科事典』とタイアップしての開発で、名前もそこから来ているそうです。

1970年の発売当時は、ノートのメーカーとしては後発で、なんとかライバルと差異化したいと思っていたところ、この案を思いついたと言います。

百科事典がベースなので、表紙にも高級感があります。価格も相対的に高めにしました。

マーケティング戦略において、競合商品と差異化しようとする場合、安く値付けをしてしまうことが多く見られます。

しかし、商品コンセプトを明快にした上で、価格を高めに設定したことは、収益化しやすい、という意味で優れた戦略です。

ただし、発売当初はなかなか売れなかったそうです。不調の分析をしたところ「知名度が足りない」という点が挙げられました。

そこで同社ではテレビCMを打とう、ということになったのですが、ゴールデンタイムに打って出る資金はなく、仕方なく「昼メロ」ドラマに広告を出そう、ということになったそうです。

ところが、このCMが、小さいお子さんを持つお母さんたちはもちろん、文房具店の人たちの間でも認知されるようになり、たちまち知名度が広がっていったそうです。

つまり、学習帳を使う小学生ではなく、仕入れる文具店、買うお母さんに響いた、というわけです。

釣りをするなら、魚のいる釣り堀でする

このジャポニカ学習帳の事例もマーケティング的に、理にかなっています。

広告は、釣り堀で魚がいるところに釣り糸を垂らすのと似ています。観てもらいたいターゲット層が多くいそうなところに出すことが基本です。

ジャポニカ学習帳の例で考えると、３種類のお客さまがいたことになります。まずはユーザーとして使う小学生たち。ただし、子どもたちは買うお金は持っていません。

そこで、昼メロドラマにＣＭを打つことによって、（それが意図的はどうかは別として）お金を出してくれるお母さんたちに響きました。

さらに、もう1人のお客さまは、仕入れてくれる文房具店です。ＣＭを打つことによって、「あのＣＭ、見てもらえました?」と営業活動もしやすくなります。

また、ジャポニカ学習帳を特集したテレビでは、今の表紙には昔のようにバッタや蝶などの昆虫の写真を使っておらず、花の写真だけになっているとも語っていました。これは「虫を怖がる子供がいるから」ということだそうです。

ブランドをしっかりと構築し、多くの人に覚えてもらうためには、「変えない」ことは重要になります。

しかし、お客さまも時代を経るごとに変化していきます。この変化には合わせていかなければ「誰に」の変化についていけません。

かつて私がマーケティングを担当していたタバコのブランドは、シンボルカラーが真っ赤でした。しかし、世の中のライト志向に合わせて、この赤を少しずつ薄くしていきました。

こうして考えてみると、ジャポニカ学習帳のマーケティング活動は基本に忠実で、一方で市場の変化と顧客ニーズの両方を先読みし改善していく、新しいことを取り入れるという、まさに不易流行の精神に則っていると感じます。

チョコを作りたい人を集めようとしたら、食べたい人が集まってきた

では、「誰に」の定義が曖昧、つまりターゲット層がはっきりしない、あるいは、ターゲット層へのアプローチ方法を誤ってしまうと、どのような結果がもたらされるのでしょうか。

起業したばかりのショコラティエさんからうかがった話です。

このショコラティエさん、チョコレートの作り方を指導するスクールも運営していました。

スクールの本来のターゲット層は、自分でも美味しいチョコを作れるようになりたい人たちです。ショコラティエさんはそれは明快に認識していました。

スクールの特徴として打ち出したのは、「市販されていない珍しいカカオや素材を使って、新感覚のチョコレートが作れること」にしました。

そして、新作チョコを使って「珍しいチョコを食べてみたい人！」と銘打って試食会を開催したのです。

すると、本来のターゲット層である「チョコを作りたい人」ではなく、「チョコを食べるのが好きな人」が多数訪れて、スクールの受講につながらなかったそうです。

売り伸ばしたいときは、売り先を追加する

皆さんも、スノーピークという、キャンプ用品で有名なアウトドア製品の製造・販売

会社について聞いたことがあると思います。

高級で品質がいいというイメージのブランドで、キャンプグッズのテントや寝袋、調理グッズなどを企画開発、製造から販売もしています。

他社よりも、少し高めの価格設定で、高級というイメージに加え、品揃えの多彩さ、製品の質の高さ、接客の良さがファンから高い評価を得ています。

私の周りでもキャンプが趣味だという人たちが増えてきました。

私はわからなかったのですが、話を聞いていると、「テントだけで5つ持っている」とか、寝袋やタープと呼ばれる大きな日除け、バーベキューもできる調理グッズなどで、自宅の寝室丸ごとキャンプグッズというヘビーユーザーも多くいる印象です。

キャンプ好きにとって、グッズを買うこと、揃えることに対する欲求には際限がないため、1人ひとりの入れ込み具合が大きい業界です。

スノーピークは、高価で質の高い商品というポジションにいるので、キャンプ用品についてはは中級から上級者をターゲットにしてきました。

しかし、それだけでは成長に天井ができてしまいます。

そこで、ビギナー用に低価格での入門者向けのグッズを拡大しようと、新しくキャンプを始める人たちに向けての商品もラインナップに追加しました。

同社のホームページを見ると、キャンプの初心者向けに大きな画像でアピールをしていました。

さらにスノーピークではアパレル部門にも力を入れ、ホームページではスタッフがおすすめするスタイリングを紹介していました。

これはワークマンが「ワークマン女子」を作ったように、ファッションに興味がある層にアプローチすることによって、ファッションからキャンプに入ってくる層も取り込むという戦略になります。

これはイノベーション理論を深めたことで著名な経済学者、ヨゼフ・シュンペーターが提唱した「**新結合**」という概念にマッチしています。

新結合は、**異質に見えるものをくっつけることにより、新たな価値を生み出す**というもので、イノベーションの本質の1つなのです。

単にモノを作って売るだけでは、今の時代、ビジネスを展開し成長するのが難しくなっています。どうすればターゲット層を楽しませることができるのか、買い手目線による戦略で新たなターゲット層を開拓し、新規顧客を取り込んでいかなくてはいけません。

売り上げが下がってくると、「どうやって」売るか、というプロモーション面による打ち手を考えることも多いのですが、市場全体のどこにねらいを定めるのか、ターゲット層を見直すと、新たに見えてくるものがあります。

紙の地図から、データの地図へ大転換

株式会社ゼンリンという会社があります。福岡県北九州市に本社を構える各種「地図」情報を提供しています。

ゼンリンはもともと、紙の地図の制作販売をするビジネスでしたが、１９８０年代からＩＴ化に力を入れ、地図のデータ化を進めてきました。

2000年代頃までは、地図データをカーナビゲーション向けに提供するように、業態を転換してきました。

最近はネット通販が流行ってきたこともあり、大手の物流会社に向けて、カスタマイズした地図の提供などを手掛けるようになっています。

こうして見ると、ゼンリンは世の中の変化にとても敏感で、かつ市場の動きを先取りして、素早く体制を変えることを得意としているようです。

大企業を相手としたビジネスを中心に展開していると、得意先の組織が変わったり、市場の動きが大きく変わったりと、急な方針変更により、大口の注文がなくなるので、売り上げが大きくブレることがあります。

カーナビメーカーへの地図データの販売では、新型コロナウイルスの感染拡大による新車販売台数が減少するなど、大きな影響を受けました。

ゼンリンは、中小企業向けにも、地域の住宅地図が分かる、「らくらく販促マップ」というサービス、いわゆるサブスクリプションサービスの提供を開始しました。

「らくらく販促マップ」は、ポストに投函する販促チラシを作りたい、というお店が、どのエリアにどれくらいの家があるのかが、地図の上での数字でわかります。

個人宅だけではなく、小売店や会社などのデータも地図上でわかるので、法人向けのビジネスにも使える、とても便利なツールです。

さらには販促チラシのデザインを感覚的に作れるサービスも提供しています。

チラシ配布エリアの地図を切り取ってプリントアウトもできるので、社員に配布して、営業ツールとして使用もできます。

考えてみれば、私の世代では地図といえば、紙とか冊子、本のようなものだと思い込んでいましたがカーナビやグーグルマップなど、データで提供されるようになってから、かなりの時間が経っています。

自社の強み、製品やサービスの形を少し変更すれば、お客さまの種類を変えることで、さらなる売り伸ばしができる、という好例でしょう。

これを飲食店に例えると、通常のランチのメニューを弁当ボックスに入れて販売できれば、自宅で働いている人たちや介護が必要な方への宅配にできる、といった具合で応用できそうです。

思わぬ場所、意外な状況にターゲット層は隠れている

江崎グリコのセブンティーンアイスをご存知でしょうか。自動販売機専用のブランドとして広く知られています。

グリコの公式ホームページによると、もともと、アイスクリームは子供向けのイメージが強かったのですが、それより上の17歳の学生にも楽しんでもらえるよう、17種類の商品をそろえてスタートしたとのことです。

もともとはショーケースで販売していたのですが、1985年から自販機での販売を開始したそうです。

そういえば、私も娘が子どものころに連れて行っていた水泳教室に、なぜかスイミングプールの側に自販機があった記憶があります。

その理由は、活動量が多く体力を使う水泳のあとにアイスを食べたくなるであろうか

ら、とのこと。年齢という属性だけでなく、顧客体験から導き出した売り場所です。

同じように「駅」のホームでもセブンティーンアイスの自販機を多く見かけます。

これはなぜだろう?と思っていましたが、TBSの「坂上&指原のつぶれない店」という番組を見ていたところ、終電を待つ中高年の男性客が酔いを覚ましたり、小腹を満たしたりするのに購入することが多いため、と紹介していて、「なるほど!」と思いました。

セブンティーンアイスから私たちは重要なポイントを学ぶことができます。

まず、「顧客体験」を掘り下げることにより、ターゲット層の「買う場所」を推測することができて、売り伸ばしにつなげられるということです。

『真実の瞬間』(ダイヤモンド社)では、ヤン・カールソンが、自身でスカンジナビア航空(SAS)をどのように蘇らせたのかを描いています。

航空会社は、顧客がサービスに満足しているかどうかによって決まると考えたカールソンは、飛行機で乗客に接する15秒を「真実の瞬間」として、社員とビジョンを共有して顧客満足を上げていきました。

皆さんも、顧客がニーズを感じてから、自社の製品・サービスを見つけ、評価し、買い、使うまでを分解し、それぞれの「真実の瞬間」において、何が必要かを考えてみるといいでしょう。

雪見だいふくとクリームパンの新結合

ビジネスを展開していると、新しい顧客が取れない、という「売れない問題」はいつでもついて回ります。

この場合は、先ほど紹介した「新結合」でブルーオーシャンをねらい、新規顧客獲得につなげていく努力も必要かもしれません。


ロッテの雪見だいふくが、クリームパンで有名な八天堂とのコラボをしたアイスが発売されました。私も食べましたが、雪見だいふくのもちもち感はそのままで、中に、あのとろっとした感じの八天堂のくりーむパンのカスタードクリームが絶品でした。

八天堂は、もともとは広島で和菓子店として始まったお店です。私も好きなので、新幹線に乗車するために訪れた東京・品川駅の構内にあるお店では、並んで買っていました。

八天堂は定番商品のくりーむパンの特徴を活かし、雪見だいふく以外にも「監修」をしたコラボ商品を発売しています。そのうちの1つの、ロッテのチョコパイを監修した「カスタードくりーむ&チョコレート味」も話題になりました。

チョコパイも八天堂も、その商品名を聞いただけで商品のイメージが思い浮かぶブランド力があり、コラボ商品を食べたことはなくても、食べてみたい、という気持ちになります。

雪見だいふくやチョコパイのような、全国で売っているナショナルブランド商品と呼ばれる商品は「知名度が高く」、定番ものとしてスーパーマーケットやコンビニエンスストアに常に並んでいます。

ロッテ側としては、固定のファンがいるという良い面がある一方で、ずっと同じ商品ではいつか飽きられてしまう、新規のファンがなかなかつかないのでは、というジレンマも抱えるでしょう。

ここに、ニュースとして話題を作ることもでき、また美味しさが一目でわかるコラボ商品を開発する意味が出てくるのです。

このように定番商品に相乗効果が出る他社ブランドの新しいフレーバーを足した商品を加えて、商品ラインアップに注目させることで、店頭の陳列棚に置いてもらえる可能性も高くなるため、営業活動もしやすくなり、商品全体の売り伸ばしにもつながります。ファンの裾野拡大につながるわけです。

新規顧客を呼ぶクロスブランディング

コラボ商品によるファン層の拡大を狙った事例は数多くあります。

ローソン研究所というホームページには、エリア限定も含め、さまざまな企業やお店とコラボした商品も紹介されています。

さらにタイアップ商品を展開するブランドは意外と多くあります。

高級ブランドのルイ・ヴィトンと、カジュアルなブランドのシュプリームがコラボしたスニーカーや、長財布なども面白く、人気を集めました。

ルイ・ヴィトンとしては、若い世代にもいずれ自らのブランドのファンになって欲しい、と思っています。

この、「将来のターゲット層」に向けたカジュアル商品を、自社ブランドだけで出すと親ブランドのイメージを毀損することになりかねません。

そこで、話題性もあり、若者にも手が届く価格帯（アフォーダブル・ラグジュアリー＝手頃な贅沢）に近いシュプリームとのコラボ商品を出すことによって、顧客層の拡大につなげることができます。

既存の有名ブランド同士が共同開発をして、商品を作ることを、「コ・ブランド」や「クロスブランディング」と呼びます。

これには、話題性をアップし、お互いのブランド力による相乗効果をねらっています。コラボ商品を出せばニュースになり、それぞれのファンが買うので、ファンの層が厚くなることを狙うわけです。

これなら大企業でなくても参考にできます。

コラボブランドではWin-Winを前提にすることで長く活かせる企画になります。外食産業を事例にとって考えてみましょう。競争が激しくなり販売が伸び悩む中、知名度の高い外食企業と組むことで、新規顧客の獲得に加えて、商品の開発力やブランド力を高めることもできます。

ちなみに、コラボ商品の単価は定番商品と比べ1~2割高めでも売れる傾向にあるそうです。

東京・浅草の老舗レストラン「洋食屋ヨシカミ」が監修した、ローソンの「ビーフシチューのお弁当」は、コンビニとしては高めの800円という価格でしたが、その味の良さから、SNSなどで話題になり、販売数は定番弁当の約4倍となったそうです（2021年2月1日、日本経済新聞より）。

このように、新たな「誰に」を開拓するために商品を活用した事例は多くあるので、あなたのビジネスにあてはめて考えてみるといいでしょう。

と、気がつくと、いつのまにか「何を」について語ってしまっていました。

「どうやって」、「誰に」買ってもらうのかを考えた次には、「何を」について、さらに考えてみたいと思います。

第4章

「売り物」の価値を高め続ける

選ばれる「売り物」になっていますか？

C＝「売り方」も想定通り、T＝「ターゲット層」も間違っていない、それなのに売り上げ、または利益がジリジリと下がっていく、という局面はよくあります。

さらに収益が下がる理由、または上がらない理由を掘り下げていくと、次のような課題が発見されます。

- **価格競争になっていて、安い値付けのライバルが選ばれている**
- **自社の商品やサービスに特徴がない**

つまり、自社の商品について、競合と差異化ができていない、ということが大半です。「売れる仕組み」を構築する当初においては、しっかりと「何を」について考察したとしても、「技術の進化」「顧客行動が変わる」「予期していなかった競合の頑張り」などによって、「売り物」の競争力が減衰していくことは普通に起こります。

その場合、私たちは〝**根源的な課題**〟に直面するのです。

ＰＴＣのＣもＴも適切なのに、問題はＰ（プロダクト＝売り物）にある――。

実は売り物の独自性が薄れてきたことが問題だとしても、それに気づかず多くのビジネスパーソンが打つ施策は、次のようなものです。

- Ｃ（コミュニケーション＝どうやって）を変える、あるいは追加する
- Ｔ（ターゲット層＝誰に）を調整、追加する

もちろん「売り物＝何を」は、顧客に価値を提供するうえで最も重要なポイントですから、顧客価値の追究も含めて、あらかじめ考え尽くされているはずです。

この前提に立っているので、ＣとＴから検討していくのは、適切なのは間違いありません。

ところが、これとは違った理由から「どうやって」「誰に」を変えようとしてしまうことがよくあります。

なぜなら、売り手側の本音ベースでは、あなたの売り物であるP（プロダクト＝何を）を変えることはとても難しいからです。

消費者向け（B to C）、あるいは企業顧客向け（B to B）に、製品を製造している場合は、そもそも顧客が求めるスペックで設計され生産するわけですし、その製品に適合させて独自の素材を選び製法を考え、機械を設置し、動かす匠の技も必要になってきます。

ＩＴ企業や保険のような金融、さらには飲食やさまざまなサービス業のような無形の「モノ」のビジネスにおいても、時間とお金をかけてゼロから商品開発をするため、心理的にも変えづらい、となってしまいます。

そこにいきなり「画期的なイノベーションを実現させろ！」と迫られても、「そうは簡単にできません」というのが本音なのです。

とはいうものの、そんな中でも投資対効果（コスト効率）を重視しながら、お客さまから選ばれる売り物にしていくことを考えなければなりません。

ここで発想を転換してみます。

- **AをBに変えるのは無理**
- **でも、AをA＋αにすることは可能**

本章では、この点について深掘りしていきましょう。

差異化と「本来の差異化」について携帯電話で考えてみる

自社が提供する商品やサービスについて考える場合は、「違い」をつくれ、とよく言われます。あなたも「差異化をせよ」と上司に強く言われたことがあると思います。

市場では、私たちがどれだけ頑張っても、顧客から見ると**全部同じ**に見えています。

ですから、差異化せよというのはある意味では正しいのです。

では、そもそも差異化とは、いったい何をすることなのでしょうか。

ライバルと違うモノを作るということでしょうか。携帯電話で考えてみると……、

競合メーカーよりも画面を大きくすること?

それともサイズを小さくすること?

処理のスピードを速くすること?

いずれも正解ではありますが、正解でないとも言えます。

なぜなら、差異化ではあるものの、本来目指すべき「差異化」ではないからです。

ここで言う「**本来の差異化**」とは、「競合とは違うものを作る」ことではなく、顧客から見て、ライバルよりも「価値がある」と認識されることを指します。

携帯電話は「小さいから」買うわけではない

図表4－1をご覧ください。左がライバルの製品（プロダクト）、右があなたの製品だとします。

本来の差異化とは、ライバルと違うものを作る、というよりも、顧客から見て、**より価値があると見られる**ものを作る、ということになります。

いわゆる「付加価値をつける」ということになります。ブランドを構築していく際の第一歩です。

もちろん業界初の商品、完全にユニークな優位性を誇る商品を開発できれば、よいのですが、そう簡単にはいきません。

携帯電話について、そのサイズが「①小さいから買う」のではなく、「②小さくて、〝持ち運びやすい〟から買う」。画面について「①大きいから買う」のではなく、「②大き

図表4-1：差異化と独自化は

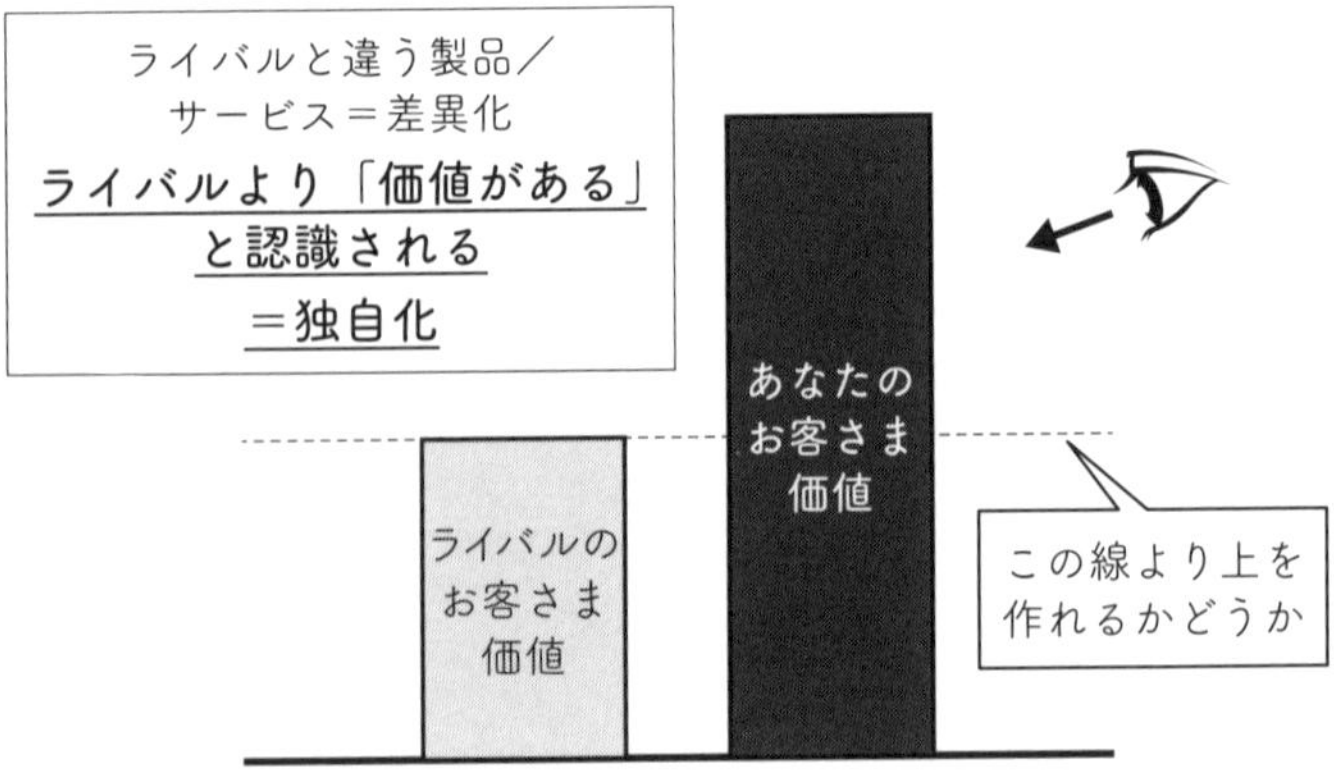

くて〝見やすい〟から買う」のです。

①と②は、同じように聞こえますが、①は重さや目に見えるサイズなど機能的な価値について述べています。

一方、②はその製品やサービスを使った場合に、「何が得られるか？」「自分がどうなるのか？」という**体験価値**を表現しています。大きさやスペックという土俵から、持ちやすさ・使い勝手という価値によって新しい土俵に持ってきているのです。

この「本来の差異化」と言葉だけを聞くと「難しそうだな」と感じると思います。しかし、真剣に考え尽くして開発されたのであれば、製品やサービスそのものをチューニングしなくても、**「見つける」**ことができるのです。

では、どうやって「独自化」していくのか

顧客から「いい商品だ」と認識されることを目指すのであれば、当たり前ですが「あなたの顧客が、どんなものに価値を見いだすか」を発見しなくてはなりません。別な言い方をすると、「顧客が本当に欲しいものは何か?」を見つける必要があります。

具体的に考えると、こうなります。

パソコンを買う顧客は、パソコンそのものが欲しいのではなく、「仕事の効率化」や「きれいなイラストを描けるツール」が欲しい。

100%の野菜ジュースを買う顧客は、「体にいいこと」や「健康」が欲しいのです。

この「必要」といったニーズや「欲しい」というウォンツは、人間の最低限の欲求で

す。市場の大きさは、この「**ニーズやウォンツの総量**」を指します。

一方、ニーズを持っている人たちの中に、「ハイスペックなPCが必要」「カロリー控えめのジュースを飲みたい」というような、より具体的なニーズを持っているグループが存在します。

この「具体的」なニーズを持った人たちの塊が、あなたのターゲット層になります。その人たちに向けて、自社が提供できる商品の価値を合致させていく、といった具合です。

PTC（何を、誰に、どうやって）のTで見つけたターゲットに向けて、あなたの商品に価値を足しつつチューニングすることによって、差異化、さらに独自化して「選ばれる」ものにしていく、というイメージを持つといいでしょう。

今ある、あなたの商品に、「どんな価値を付け加えれば、顧客のニーズを満たせるのか」が、独自化できるかどうかの分かれ目になります。

そしてその付加価値は、意外と身近にあったりするのです。

具体的には、製品の周辺やバリューチェーン、そして何よりお客さまの周辺にある「有益な情報、データ、おもてなし」など、商品に付随する価値を追加して独自化することで、選ばれる要因を作り込んでいくのです。

このときに、「潜在ニーズ」、つまりお客さまが、自分でも気づいていないけれど教えてもらったら嬉しいニーズを、どれだけ引き出せるかが勝負になります。

唯一無二の商品なのに、選ばれない理由

先ほど、水道管の継ぎ手メーカー、ベンカンの社長のお話をしました。

前述したように、この社長は、2種類の顧客がいると気づきました。

まずは商社や卸問屋など「購入してくれる」お客さまで、もう1種類はその顧客の顧客である、水道工事会社、建築会社、建設会社で「使ってくれる」お客さまです。

この「使ってくれる」ユーザー企業が、売り上げの鍵を握ります。

図表4-2：BtoBの2種類のお客さま

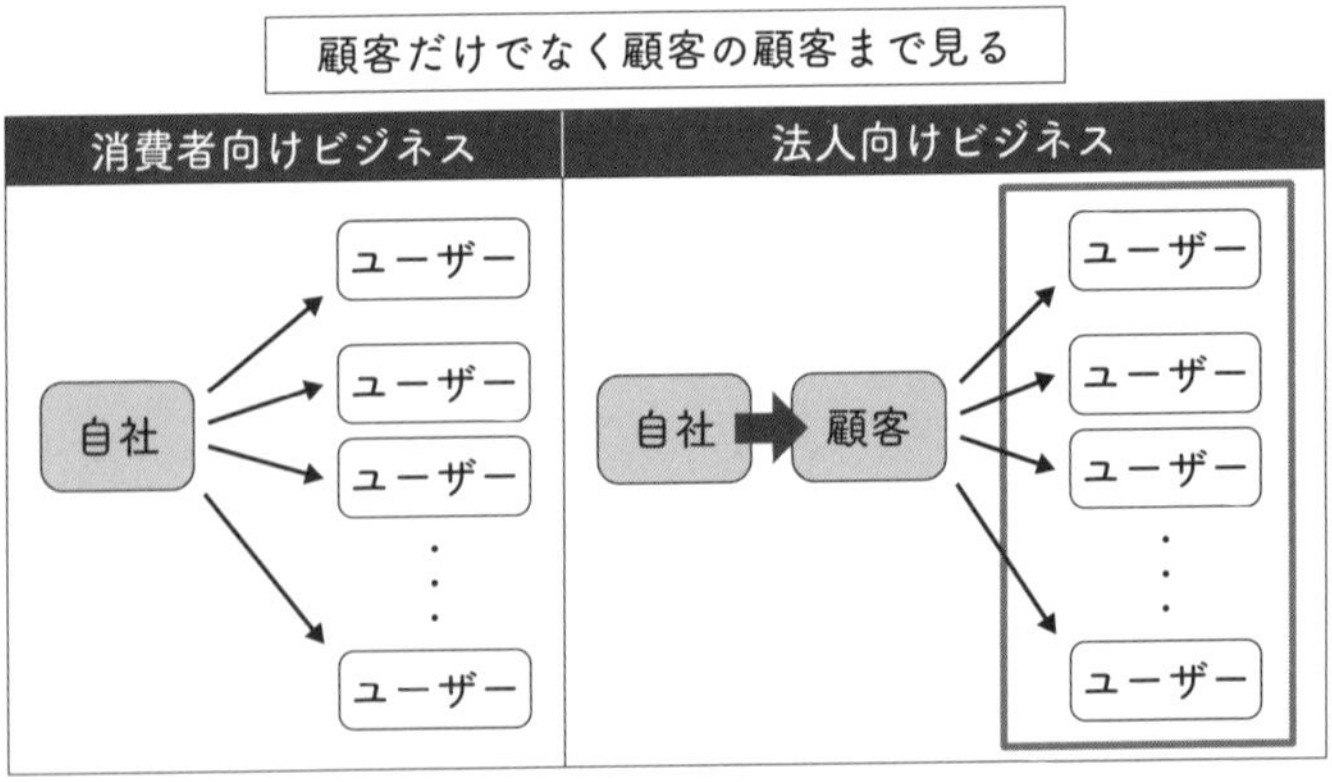

「ベンカンの○○という商品が欲しい」とユーザーである工事会社が指名買いをしてくれれば、商社もその工事会社に自社の商品を売ってくれます。

ですから、実際に「使ってくれる」ユーザーが感じる顧客価値は何か、を突き詰めていくのです。

つまり、顧客が喜ぶこと＝顧客の成功（カスタマーサクセスと呼びます）をしっかり定義することが大切になります。

ベンカンの社長の悩みは、「我が社の営業は、強力な営業力があるけれど、競争が激しいために、値引きに頼ってしまう」ということでした。

多くの水道管の継ぎ手は「拡管式」という、読んで字のごとく管を広げてはめる工法の製品と「プレス式」という押さえつける工法の製品が大半です。

どちらの工法での継ぎ手にも専用の工具が必要になります。

ベンカンには「ワンタッチ式」のEGジョイントというユニークな継ぎ手があります。工具が不要で、はめるだけ、その分、工事時間も短縮できますし、拡管式、プレス式と比べると加工に必要な技術もよりシンプルです。

この「ワンタッチ式」の商品について、多くの営業の方々は、「簡単に取り付けられる」点をセールスポイントとしていました。これは確かにその通りです。

その当時、私のスクールに通っていた、ベンカンの新任のマーケティングリーダーに、さらに一歩踏み込んで、考えてみてもらいました。それは、

工事会社の人たちが欲しいものはなんだろう？

という点です。

EGジョイントのような「ワンタッチ式」の商品はベンカンにしかありませんでした。この点だけでも、差異化はされています。

しかし、市場ではプレス式や拡管式のほうが工事会社にとっては一般的です。まずは簡単に取り付けられて、そのうえ品質もいい、ということを印象付けないといけません。

さらに、水道管の継ぎ手は多くある工事部品の中の1つです。しかも、いくつかのメーカーが取り扱っているので、かなり多くの商品群から選ばれなければなりません。そのため、「便利なんだろうけど、それくらいの違いなら、今のままでいい」となりがちです。

さあ、では、どうすればいいでしょうか。

あなたのプロダクトを使った人は、「どうなる」のか

ここで工事をする会社の立場になって考えてみましょう。

もちろん高品質で、安いものであれば、収益面で、これほどありがたい商品はありません。しかし、それ以外にも工事会社にとって、考えなければならないことがあります。

ベンカンの営業の方々に、ヒアリングしてもらうと、工事会社には、次のような「課題、悩み」があることが認識できました。

- **何よりも納期までに仕上げることが重要**
- **そのためには、手が足りない**
- **作業に熟練した人に限りがある**

こうなると、ワンタッチ式を購入していただくことにより、施工時間が短縮できること、人工《にんく》も少なくて済むことが、とても大きな「価値」になることが理解できます。

この点に対応して、「プレス式では、1時間に10個しかはめられませんが、ワンタッチ式であれば15個はめられます」という具体的な効用をアピールできます。

さらにはワンタッチ式であれば、施工、確認も含めて熟練工の方でなくても作業できるようになる、という点についても大きなセールスポイントになります。

顧客（工事会社）が買い、使うのはもちろん水道管の継ぎ手です。

しかし、それだけでなく、継ぎ手を使って「何をするか」「どうなるのか」が顧客価値になります。

さまざまな会社の営業現場からは、「我が社は売るモノが決まっていて差異化ができません。人間力と価格が大事なんです」という話をよく聞きます。人間力はどんなビジネスでも最も大事ですし、商品をシンプルに「モノ」として考えると、確かにその通りです。

しかし、商品そのものだけではなく、顧客が持っている隠れたニーズ（潜在需要）のすぐ近くに差異化ポイントが眠っています。この**ニーズを差異化ポイントで解決することで、価格の勝負から抜け出すことができる**のです。

ちなみに、最近、ベンカンの競合企業が同じようなワンタッチ式の継ぎ手を発売したそうです。

このときも営業部長は、「我々は値段やスペックだけで勝負しているのでない。以前から我が社の製品を使っているユーザーの皆さんに、その点をアピールできればいいので落ち着いて営業しよう」と指示できたそうです。

それは、自社商品の「顧客価値」をいつも突き詰めて考えている、という自信があるからこそできる発言です。

どうやって顧客価値を探し出すのか？

ベンカンの事例は、製造業の一例ですが、消費財もサービス業も本質では同じです。顧客価値については、「今は知らないけれど、教えてもらったら嬉しい」という潜在的なニーズを探し出し、そこに自社だけが提供できる独自の技術やサービスをあてはめることが大切です。

この自社ならではの技術やサービス、独特なノウハウを「**シーズ**」と呼びます。シーズ（Seeds）とは英語で種のこと、いわば「ビジネスの種」を見つける、ということです。

そこで重要になるのは、何を提供すれば顧客価値が実現できるかという「カスタマーサクセス（顧客の成功）」を定義することです。

営業の世界ではよく聞かれるカスタマーサクセス、先にも少し言及しましたが、いったいどんなものなのでしょうか。


これには、さまざまな定義がありますが、中でも弘子ラザヴィ氏が著書『カスタマーサクセスとは何か』において解説していた考え方が一番しっくりきたので、本書でも引用させていただきます。

ラザヴィさんは、カスタマーサクセスとは、サザエさんに登場する三河屋さんの現代版だ、と例えています。

サザエさんは、昭和の時代が舞台の漫画です。当時は、酒屋さんが家々を訪問して御用聞き（注文を聞いて回ること）をして、酒や醬油を届けていました。「三河屋」とは、この酒屋さんの屋号です。

では、カスタマーサクセスとは、ルートセールスのことなのでしょうか。それとも御用聞きのことなのでしょうか。もちろん、どちらでもありません。

三河屋さんに学ぶ、能動的提案のポイント

かつて昭和の頃には、酒屋さんが「ビール届けにきました！」と配達に来る、という風景がありました。その際に、次回の注文も尋ねます。

それだけでなく、「みりんのご注文、だいぶ前でしたけど、大丈夫ですか？」など、お客さんが気づいていない、あるいは忘れていた商品をさりげなく聞きます。そうすると「あら、そうだった。ありがとう。一本いただきます」となります。

単に注文品を届けるだけでも、次の注文を聞くだけでもなく、「**顧客が忘れていたけれど教えてもらえたら嬉しいこと**」を把握して提案するのです。

まるでアマゾンが、きっと読者が読みたいであろう本や、思わず観たくなるであろう映画をお薦めする、リコメンデーション機能のようです。

このように、商いは一度買っていただいてからが重要なのです。マーケティングや営業の出番は実はここにあるのです。

顧客から注文を受け取って販売する、受け身の商売が「**受動的な顧客サポート**」で

す。クレーム処理や定期発注もこれにあたります。

一方で三河屋さんのように、顧客の潜在ニーズを探り出して、こちらからお勧めすることは**「能動的提案」**です。

IT業界で、システムやネットワークを企画開発して顧客企業のニーズにマッチさせていくような、ソリューション営業は後者になります。


顧客自身が「今欲しい」と認識しているものを尋ね、それを販売する「受動的」な売り方では「速く持ってきたほう」や「安いほう」が選ばれます。

一方で、潜在的ニーズを汲み取って、「それは気づかなかったよ」「教えてくれてありがとう」と、かゆいところに手が届くように、先手を打つことができれば、お客さまから頼られ、期待されて、長く関係を維持できるのです。

ですから、カスタマーサクセスとは、次のように定義することができます。


顧客との長期的な関係の構築による、顧客の成功体験の提供

先ほどの製造業（ベンカン）の事例では、顧客から依頼されて製品説明をしたり、商社からの発注を待ち届けるのが受動的な顧客サポート、顧客の隠れたニーズを想像して仮説を立て、一歩先を伝えるのが能動的提案です。

この能動的提案をするには、自社の提供する商品（何を）について、その価値をより深く理解する必要があります。

カスタマーサクセスから能動的提案をするには

とはいうものの、いきなり能動的提案をせよ、と言われても、どうすればいいのか見当がつきません。そこで、以下の3つのステップで考えます。

①顧客の成功は何かを定義し、
②成功のために顧客が超えるべき壁（顧客の問題、課題）は何か、仮説を立て、
③自社ができることを推測し提案する

顧客の問題、課題に応える「かゆいところに手が届く」提案ができると、顧客との信頼関係構築につながります。

得意先の担当者が変わるとまた一から出直ししなければならない、という「売れない問題」を抱えている場合は、今一度「カスタマーサクセスが定義できているか？」ということをチェックするといいでしょう。

カスタマーサクセスについて、こんな経験もありました。

私のスクールに通うある会社の営業担当者から、「うちはファックスでしか注文を取らないのです」という話を聞きました。

この時代に、ウェブ注文はないのか？　驚くと同時に、不思議に思いその理由を尋ねました。

すると、「業界全体がそうなのです。他社も同じです。だからうちも注文を取るのはファックスだけなのです」という答えが返ってきました。

私たちは懸命に仕事をしすぎるがために「**業界脳**」に陥ってしまうことがあります。

もちろん、業界の慣習を変えることは、自社にとっても、顧客にとっても大変な面もあるでしょう。

しかし、「ファックスは面倒だ。メールやホームページで注文したい」と思っていても「業界の慣習だから仕方がないか」とあきらめている顧客がいるかもしれません。

そこで、ライバルに先駆けて「うちは、ファックスに加えて、メールやホームページの受注フォームからも受け付けます」と先手を打てれば、それだけで選ばれる可能性は上がります。

このように、「**顧客がニーズに気づいているけれど、あきらめていること**」も潜在ニーズです。他社に先駆けて潜在ニーズへの解決が提案できれば、それも独自化です。

製品・商品そのものは変えず、その周辺にある顧客問題を解決するサービスを、「付加価値」として加えることによっても「顧客の成功」を実現できるのです。

「賢いタイヤ」をつくり、売るという付加価値

このように、製品に「付加価値」をつけて、独自化をする事例を紹介していきましょう。

タイヤの製造・販売で有名なブリヂストンです。

自動車のタイヤは、主にディーラーや自動車関連販売店、タイヤショップやガソリンスタンドなどを通して販売するのが一般的です。

この場合、どの販売店に、どのタイヤを何個卸したのかは把握できますが、実際にタイヤを使うユーザーについて、「どんな人がいつどのような商品を買ってくれたのか」はわかりません。

一方で、飛行機のタイヤについて、ブリヂストンは２０２０年５月から、日本航空（ＪＡＬ）とそのグループ会社のジェイエアと共同で、飛行時のデータを航空会社が綿密にチェックし、摩耗予測技術により精度の高いタイヤ交換を始めています（同社ホームページより）。

ブリヂストンがもともと保有しているタイヤに関する知見に加え、デジタル技術を活用した摩耗予測技術を、JALから提供される航空機に関する知見とフライトデータを掛け合わせることによって、より適切な交換タイミングがわかるのだそうです。

適切な予測で交換タイミングが、正確にわかれば、「ホイール・タイヤ在庫の削減および航空機整備作業の効率化などが期待されます。また、生産・使用過程でのCO_2排出量を削減することで『地球との共生』へと繋げていきます」とのことです。

この場合、ブリヂストンの顧客であるJALにとってのカスタマーサクセスは、売り上げアップよりも、安全性という品質と収益性を同時に向上させることとです。こうした経験を積むことによって、ブリヂストン自身も、タイヤの適切な交換時期についての多様なデータを蓄積することができます。

データは単なる数字の集まりではありません。そのデータから読み取った「気づき＝示唆・含意」など、データから得られる「知見」が最も重要です。

この「気づき」こそが、ブリヂストンにとっての最大の独自化のポイントとなり、「他社には真似できない」優位性につながります。

このデータや経験を自動車のタイヤに活かすことができれば、より適切なタイヤの交換時期の予測にもつなげられそうです。

最近では、ＡＩやＩｏＴがますます進化しています。こうしたデジタル技術を活用して、車種や走り方に応じて、「そろそろタイヤを変えたほうがいい」と交換タイミングを知らせてくれるメールが来ればユーザーにとっても大きな効用です。

実際に、ブリヂストンはＡＩの活用やデータサイエンティストの育成を加速させることによって、タイヤの摩耗予想技術の開発に注力し、２０３０年度にソリューション事業の売り上げを２０２１年度の９０００億円から２０３０年度までに約２兆円へ引き上げようとしているそうです（日経ＸＴＥＣＨ２０２２年9月21日参照）。

タイヤ販売は「売り切り」の商売だったものが、このようなデータサービスを活用することによって、継続課金できる、「サブスクリプション」的なモデルの開発にもつなげられます。

データで示してくれる、「賢いタイヤ」が生まれれば、「今までわかりにくかったタイヤの替え時」を知らせることになります。

このデータ分析による情報提供もタイヤに加わった「付加価値」になるのです。

スマホで白髪染めのシミュレーション

先ほど、プロダクトに何かを加えてA＋αにする、と書きましたが、これについては、現在はスマホのアプリなどでさまざまなことが実現できるようになりました。

花王に「ブローネ　ルミエスト」という白髪染め商品があります。その色目や濃さに、さまざまな種類があります。

同社の「ブローネ　髪色シミュレーション」というホームページでは、スマホのカメラで自分を写し、自分が試してみたい色のボタンを押すと、自分の顔の画像のうち、髪の毛だけ、指定した色に変わります。

ユーザーからすれば、自分の顔の画像で、即座に見られるため、とても便利です。

なかなか面白そうなので、私もやってみたのですが、髪の毛だけが正確に指定した色に変わるし、何度でもやり直せます。

欲しくなれば、オンラインショップへのリンクから購入することもできます。

これまで白髪染めを購入するには、リアル店舗で写真でどの色がよいか調べるか、サンプルの髪の毛の束のようなものが置いてあり、それを見て確かめるなどしないと、実感できませんでした。

ところが、スマホのアプリにより、顧客が「店に行かなければ、実際の色味がわからない」と妥協してあきらめていること、すなわち「店に行かなくても試したい」という「潜在ニーズ」に応えることができています。

もう1つの特長は、自分の顔に合わせて確認でき、ユーザーがその商品を買った場合のイメージをリアルタイムで確認できる点です。

顧客は、白髪染めという商品を買うのですが、欲しいのはその商品ではなく、その商品を使った際に得られる「若々しさ」や「ルックスの向上」です。

花王は、「その色で染めた自分の姿で、何を楽しむか」、たとえば、同窓会に出席したときに、自分の望む姿になれるかを簡単にイメージさせてくれます。

商品を売る際には、ユーザーのその姿を想像させることで、「買いたい」という気持ちになってもらうことが必要です。

これまでは、雑誌広告やテレビCM、SNSで顧客とコミュニケーションしていましたが、実際に使用しているのはモデルやタレントです。

これでは、なかなか自分が使っている姿をイメージできません。しかし、スマホのアプリによって、もともとは購入する気がなかった潜在顧客の潜在ニーズにも訴えかけることに成功しています。

さらにアプリによって、白髪染めをした自分という姿を見てもらう、という便益も提供しています。

この便益こそが、お客さまが感じる価値です。この価値をホームページや広告などで、「顧客価値」として訴えるのが重要です。

付加価値の見つけ方と作り方

自社が販売する製品や契約をするサービスが、同業他社のものと大きく変わらない、ということはあると思います。

しかし、ここで紹介した事例のように、あなたの商品に付加できる、**①ライバルがやっていない特長、②顧客の隠れたニーズに応えうる強み**は、あるはずです。

顧客価値を考えるときには、「うちの会社は何ができるか?」を考える前に、「何が求められているのか?」「顧客は何を喜ぶのか?」というニーズを見つけることが先になります。

そこから逆算して、自社の製品やサービスに対し、顧客の属性や地域など目に見えるセグメンテーションだけではなく、顧客の価値観やライフスタイルを含め、行動を洞察する「インサイト」でセグメンテーションして、具体的なターゲット層にアプローチするというステップを踏めばいいでしょう。

これは新しい商品の開発だけでなく、既存商品の見直しにも当てはまりますし、スタートアップ企業や大企業など、企業の規模に関わらず、新規事業開発にも同じことが言えます。

カスタマージャーニーで潜在ニーズを見つける

値引きに頼ってしまうとか、契約寸前で話がダメになるといった「売れない問題」は、お客さまの潜在ニーズをつかみきれていないために発生します。

隠れたニーズとは、いわば顧客の本音です。本音はなかなか表に出てきませんし、顧客自身も気づいていないことがしばしばあります。

では、その隠れたニーズを見つけるにはどうしたらいいでしょうか。

ビジネス書やセミナーでは、「お客さまに寄り添ってみよう」とか、「顧客視点で考えよう（本書でも繰り返しています）」などと説明されています。

しかし、難しい面があるのは間違いありません。では、どうするのか。

そんなとき、まずお客さまになりきって、あなたの「売り物」を使ってみる、そして、よいところや不具合に気づく、見つける、というステップを踏むとよいでしょう。

さらには、お客さまが自らのニーズに気づいて、購入を検討し、契約に至るまでにどんな行動をするか、を細かく分析することで見えてくるものもあります。

この顧客の心の動きについて、どのような手を打っていくか、どうコミュニケーションを取れば成果につながるのか、を洗い出すフレームワークで、最近注目されている、カスタマージャーニーという考え方があります。

お客さまは、何に妥協しているのか

古い話で恐縮ですが、私はかつてアマゾンで働いていたことがあります。当時は、本が欲しいとなれば、リアル書店を訪ねるのが当たり前の時代でした。

アマゾンでは、私が働いていたころから、顧客中心の思想があり、本が欲しいお客さては、どのように心が動き、それに伴ってどんな行動を取るのかを考察していました。
「出かけるのがおっくうだ」「家の近くに本屋さんがない」「少し離れた場所のお店に行ったとしても、目当ての本がないかもしれない」……。

心の奥底にはこのような面倒くささを感じるのですが、ほかに選択肢がないために、妥協したり、あきらめてしまうお客さまがいたかもしれないのです。

これに対してアマゾンは、「ネットでどこにいても購入できる」「検索機能を充実させる」「書籍の品揃えを充実させる」といった施策で顧客の利便性への欲求に応えていきました。

この顧客の隠れたニーズを探し、少しでも便利に買えるようにしようという思想は徹底していて、その後も、書籍以外の商品の充実や、コンビニエンスストアでの受け取り、電子書籍商品の開発などにつなげ、ＥＣサイトとしての「価値」を高めることによってアマゾンは成長していきました。

このようにＢtoＣ（対消費者）のビジネスで、カスタマージャーニーのフレームワークはとても有効ですが、もちろん生産材など、対企業向けのマーケティングにおいても、顧客の心の動きとそれに伴う行動を測ることは重要です。

ただし、相手が法人の場合は、認知からあとの動きが、若干アマゾンのような消費者向けビジネスとは異なります。

なぜなら、顧客が「組織」であるために、顧客企業の中に複数の意思決定者がいます。さらにその複数の顧客たちは、それぞれ自身で多くの情報を収集し、事前にさまざまな角度から評価した上で、商談に入り最終的な意思決定をします。

しかし、このような違いがあるものの、ニーズに気づき情報を集め、比較評価して、購買に至るというプロセスと、それに伴う顧客心理と行動の動きへのアプローチ、根本的な考え方は消費者向けビジネスと同じです。

お客さまはニーズに気づき、情報を探し「どんな商品なのか知りたい」と感じ、さらに営業から説明を受けたあとにも「最適な商品を選択するため比較検討したい」と考えます。

さらに、商談においては、投資に対して適切な効果はあるのか（品質は十分か、営業担当者はまめな対応をしてくれるのかなど）を検討するでしょう。

こうした顧客の心の動きを想像し、各フェイズで顧客が妥協しているであろう点を見つけるのです。

認知のところでは、自社が必要とする製品に関する情報を集める際に、「探すのが面倒だ」とか、「ネットの情報は正しいのか？」などの心理的な壁があるかもしれません。

さらに、商談の資料では「他社品と比較したいけれど、価格とスペックしか掲載されていない。まあ、他社もそうだからな」と感じて自分でネット検索して探す人もいるかもしれません。

契約直前でも、「社内用に書類があと二部いるけど、一部しかないから自分でコピーするか」とか、契約後も「見積りをもう一度確認したいけれど……」などと面倒に思うこともあるでしょう。

この、意識しているか、無意識かにかかわらず、お客さまが「あきらめている点」「妥

図表4-3：部品メーカーの営業の場合

＊法人取引では得意先の意思決定者が複数いるので注意が必要

	お客さまの気持ち	お客さまの行動	お客さまが妥協する点	メーカーの価値提供＝解決策
認知	どんな商品か知りたい	ニュース 業界紙	誰か教えてくればいいのに	メルマガ DM SNS
情報収集	より詳しく知りたい	検索 セミナー 展示会	探すのが面倒 正しいか不明	インサイドS 定期勉強会 YouTube
事前評価	最適な商品を比較検討したい	ホームページ カタログ収集 社内会議	違いを知るために自分で探す	詳細レポート 白書
商談	投資対効果 品質の担保 まめな対応	電話・メール 紹介 見積り	価格と商品の内容のみ記載	事前に効用をヒアリングしておく
契約	見積り通りか 信頼できるか	社内根回し 稟議 決済	社内用書類は自分でコピー	事前に人数分用意
継続購買	サポート体制 バージョン情報	電話・メール	契約後見積り	事前に提出し安心させる

協している点」をどれだけ見つけられるか、そしてそこに、あなたの会社に「**何ができるか**」を当てはめて、顧客の抱える問題を解決していきます。

顧客心理の棚卸しで見えてくるもの

隠れたニーズに気づいてもらうために、メルマガやDMなどを送ることで、「そういえば困っていたところだったな」と、そのニーズに気づかせることもできるかもしれません。

次に、興味を持ってもらうために、顧客の時間を奪わないリモートでのセールスや、定期的な勉強会や工場見学を案内することで、より深い情報も提供できます。YouTubeなどの動画で説明してもいいでしょう。

次に顧客は「他社と何が違うんだろう」と比較します。そこで、ホームページで競合との違いを説明したり、より詳しい情報を記載したカタログや調査結果などの報告書をダウンロードできるようにしておくと効果的です。

また、商談時には、事前にヒアリングしておいた体験価値や他社の成功事例を紹介することで、価格や値引きではないところで選ばれるように持っていきたいところです。

さらに提案資料も事前に必要な部数を聞いておけば、コピーの手間など相手に不要な手間をかけさせずにすみます。

そして、契約後も重要です。修正見積もりの可能性があることを想定しておけば、事前に提出することで顧客は安心します。

カスタマージャーニーは、単に顧客心理の動きを分析する手法ではなく、顧客のニーズを見つけて自社が何ができるかを発見するツールとして活用できるのです。

そのためにはここに示したように、

①顧客がニーズに気づき購買・契約するまでの行動と心理を想定して、

②その各フェイズで抱えているであろう課題や不満、あきらめや妥協を分析し、

③自社が何ができるのか

の3つの棚卸しから始めてみるといいでしょう。

製品を販売する法人向けのビジネスであっても、製品に加えて顧客に提供する情報やサービスも含めての「価値」であることを忘れず、何が必要とされているのかを探し、磨き続けることで持続的な差異化ができるのです。

宿泊するだけでないホテル

製品やサービスそのものだけではなく、その周辺での顧客の潜在ニーズ解消で本来の差異化ができる、というホテルの事例を紹介します。


私は出張が多く、ホテルによく泊まります。マーケターの性で、毎回できる限り違うホテルを選び、どんなサービスがあるのだろう、と考えながら宿泊しています。

愛知県豊田市に、豊田プレステージホテルというホテルがあります。

名鉄豊田市駅の近く、トヨタ関連をはじめ、ビジネスパーソンの需要が多いエリアに立地しています。全国から宿泊客が訪れるため、この土地に不慣れなことも多いはずです。

このホテルは1階に駐車場があり、エレベーターで2階に上がり、そこにあるフロントでチェックインをします。

その後、部屋に荷物を置いて、仕事に出かけるとなると、再び下に降りることになるのですが、その際、エレベーターの扉の内側に、左右に伸びる大きな矢印があることに気づきます。そこには、こう書かれています。

「左が豊田市駅　右が豊田市内」

グーグルマップをはじめ、スマホなどで簡単に地図を参照できる時代になったとはいえ、一目でわかるこの表示は便利です。

さらに豊田プレステージホテルの2階のロビーには、5紙ほどの新聞が1週間ぶん置いてありました。

ホテルの社長によると、顧客のために何ができるかを考えていた際に、「うちのお客さまは、ビジネスパーソンだから新聞を読む。しかも皆さんが家で購読している新聞はそれぞれ違うはずだ」と思いつき、図書館でもいろいろな新聞が読めるようになっていたことからヒントを得たそうです。

当時から多くの人がスマホで情報を集めているでしょうが、電波もデバイスも電源も要らない紙の新聞は、パッと手に取って読める便利な情報のかたまりです。

これも宿泊施設にプラスアルファされた顧客価値です。ちなみに新聞はコロナ禍では、読み回しによる感染拡大を防ぐため、いったん中止され、その代わりに言語別のエリアマップを掲示しているそうです。このあたりの対応のスピードの速さも、顧客視点があるからこそ、と言えます。

エレベーターにある表示が便利だから、新聞が読めるから、このホテルに泊まる、という決め手になるとは限りませんが、ビジネスホテルの場合は、同じ出張先で定宿を決めている人が多いものです。

細かな部分まで行き届き、居心地がいいと感じれば、同じくらいの価格なら、豊田プレステージホテルにしよう、と感じてもらえる可能性は上がります。

顧客行動を分解するコツは、大から小へ

カスタマージャーニーを使って、顧客の潜在ニーズを引き出すには、次の4つのステップを踏むことになります。

①顧客がニーズに気づき、買い、使う、一連の心の流れ
②心の流れに伴う顧客の行動
③その各段階で妥協していること
④そこに当てることができる自社のサービスや情報を入れていく

私も企業研修などで、この4項目をブランクにしたワークシートを使い、それぞれ埋めてもらうという作業をやってもらいます。

しかし、多くの受講者の方は埋めること自体が難しいらしく、特に①と②が思い浮か

ばないようです。

私も、会社員時代に初めてカスタマージャーニーをやってみようと思ったとき、頭ではやり方がわかっていても、意外と埋まらないものでした。

そういう場合は、①を飛ばして②から埋めてみる、つまり「自社プロダクトを買うときに、お客さまがどんな行動をするか？」を先に考えてみます。顧客行動を分解していくのです。

顧客行動を分解するコツは、「大から小へ」です。

これをホテルの例で考えてみましょう。ざっくり大分類、中分類、小分類といった具合です。

大分類は、ホテルに泊まりたい、泊まる必要がある人はまず情報を探して、①予約をして、②ホテルに到着し、③滞在し、④出発します。

次に、大分類のそれぞれの項目を同じように分解していくのです。

たとえば「②到着」については、「車を止めて、チェックインし、荷物を部屋に持っていく」といった具合です。

さらに、中分類の「チェックイン」を分解していきます。

チェックインにおいて顧客は、「挨拶をされ、予約の台帳で確認をされ、クレジットカードを出し、登録され、鍵を渡され、お礼を言われる」といった具合です。

購入を決める人、使う人、それぞれの考えを考える

この分解方法は、飲食店でも、美容系サロンでも、どこでも適用が可能です。

Eコマースなどデジタルマーケティングの分野では、サイト上を訪問した「顧客の行動」を追跡できることもあり、深く研究されています。

この点については、第2章でも説明した、サイト訪問者が辿り着いたサイトでどのページにいくのか、どこで離脱するのか、などを測り、より便利なサイトにしていこうという、ユーザー・エクスペリエンス（UX）の向上がそれにあたります。

BtoBにおいて、顧客行動の分解で気をつけるべきは、「得意先の中に、意思決定者

が複数いる」という点です。最終消費者向けの商品を扱っている場合でも、仕入れをする卸売り業者、商社や小売店がそれに当たります。

家電品メーカーが新商品を出す際、量販店に仕入れてもらうケースで考えてみます。①商談をする窓口担当者、②決済をする上長、③販売額や数量によっては役員や社長決済が必要になります。

第3章で本当の顧客は誰なのか、について考察しましたが、一方で、購入に関係する、さまざまな立場の人たちが「どんな志向があるのか、何を考えているのか、何をやるのか?」をベースに、顧客行動と潜在ニーズを分解していく必要があるのです。

ペルソナは、解像度の高い人物像を描く

顧客の行動を分解するのは難しい、と感じる方も多いと思います。そういうときは「どんな人が自社にとっていい顧客なんだろう」と具体的に想像してみるといいでしょう。実務で使えるレベルのペルソナを設定するのです。

ペルソナというのは、もともとはお芝居で使う仮面のことを指す言葉で、マーケティングでは、戦略を練る際に想定される具体的な顧客の人物像などの意味で使われます。

このペルソナを実務で使えるようにするには、顧客の明確な像を描くことが出発点です。

出張で訪れるホテルの宿泊客を想定する場合、「20代男性、都心で働く健康志向の人」というような抽象的でぼんやりした顧客像ではまだまだ「解像度」が足りません。粗い解像度に情報を足して、顔つきや着ている服まではっきりさせる、という作業のイメージです。

このペルソナの像がクリアになればなるほど、具体的な顧客行動を想定でき、潜在ニーズに気づきやすくなるため、付加すべき価値の差異化ポイントを見つけやすくなります。

多人数のチームで動くときにペルソナを設定しておくと「誰に向けてメッセージを発信すればいいのか」という共通認識も得られるため、必要度はさらに高まります。

具体的には、田中一郎というように名前に始まり、年代ではなく38歳という特定の年齢にする。同様に家族も名前や年齢を決めます。さらに会社名や業種、役職、住所や居住形態も想定します。

さらに、行動・ライフスタイルについては、日常的に接触している雑誌やネットニュース、テレビ番組、買い物をする場所、趣味、平日と休日の過ごし方なども決めておきます。

また、価値観についても、現在抱える仕事の悩みや将来の希望・目標、家庭での夢や悩みについても記しておきます。**たった1人の仮想顧客を生み出す、といったイメージです。**

ペルソナ像を想定するには、顧客になりきってみるといいと言われています。しかし、自身の性別や年齢が想定顧客層と違う場合は「難しい」と感じるかもしれません。

その場合は、まず可視化できる

①属性（年齢、性別、職業など）

②活動する地域（住んでいる場所や勤務地）

を、既存顧客へのアンケートなどをベースにして決め打ちします。
その後に、

③どんな行動をしている人か

④何に価値を感じているか

という「インサイト」と呼ばれる顧客の心の中身、本音の部分について、仮説を立てていくといいでしょう。

真剣になりすぎるとアイディアが浮かばないので、③と④はざっくりと埋めてみて、周囲にいる、①と②に近い人に③と④を尋ねて解像度を上げていくのがうまくいくコツです。

私たちのホテルに泊まっているのは、誰か？

では、再びホテルの宿泊客について考えてみます。

このビジネスホテルに宿泊するのは、A社（実際には、実在する企業になります）との商談のために利用している、と仮定します。そして、次のように特定していきます。

「45歳・男性・B商事勤務、東京都◎区にある支社の営業所次長、既婚で15歳の息子と12歳の娘との4人家族。

△区○○にマンションを所有。仕事熱心だが家庭も大事にする。平日週3回は残業、それ以外は8時までに帰宅。海外ドラマを見る。

キャンプが趣味。家族を大事にしているが、最近は長男がキャンプに一緒にきてくれないのが不満」といった具合です。

ここまでやって初めて「プロダクトに何を足せるか？」を考えてみます。

先ほど、分解した顧客行動のそれぞれのフェイズで、お客さまに対してできることは何か、自社が提供する商品にどんな価値を付与すれば喜んでいただけるのかを考えます。

ホテルの例で考えると、具体的には、以下のような形です。

チェックインで何を言うべきか？

宿泊予約を確認する際に、ＩＴを活用してどう効率化するか、そのために、どんな技術・投資が必要か？

荷物を持つお客さまに対し、何をすべきか、その際に、どのようなスキル・知識・態度が必要か?

それぞれに対して、顧客の行動、具体的な顧客のペルソナがしっかり想定できていれば、具体的な内容が考えやすくなります。

こういったカスタマージャーニーやペルソナの設定は面倒だ、と感じる方も多いでしょう。

しかし、チームで動くときなどは特に、1人ひとりがバラバラに想定顧客について考えているだけだと、行動もばらつきが出て一丸となって動けなくなり、生産性が下がってしまうことがよくあります。

マーケティングの仕事というと、CMを作成するなど、派手な仕事と思われがちです。広告やキャンペーンなど、市場に向けて発信する仕事もあるので、確かに華々しい側面もあります。

ただし、成果を出せるかどうかは、やはり地道な作業の積み重ねです。

私が一緒に仕事をしている顧問先の企業の方々でも、成果を出すことができる方々は地道な作業をおろそかにしません。

先にも書いたように、私が在籍していた2000年ごろのアマゾンでも、マーケティング部とサイトを制作する部門とで、「画像はあと3ミリ右のほうが売れるんじゃない？」などと、毎日のように細かな部分についてディスカッションをしていました。

「神は細部に宿る」と言いますが、細かな作業の積み重ねが大きな成果を生み出します。

このカスタマージャーニーやペルソナは、マーケティングをする目的ではなく手段です。

精度の高いペルソナを作るための顧客を知ろうとする姿勢や、顧客行動の仮説を立て、何ができるかを棚卸しする、というマーケターとしての行動が、顧客視点の戦略や施策につながり成果になるのです。

ぜひ一度やってみてください。

第5章

仕組みで買っていただく力

なぜリピートしてくれないのか――移り気な顧客を知る

ここまで、「売れない問題」について、「①どうやって」「②誰に」「③何を」の順で、どのように考察したらいいのかを見てきました。

これまで説明してきた内容を地道に、着実に実行していけば、お客さまを獲得できる確度はかなり上がるはずです。

しかし、「顧客獲得」はスタートであって、ゴールではありません。獲得に次いで私たちが**目指すべきは「顧客維持」**です。

せっかくお客さまになっていただいたのに、一度きりのご縁では焼畑農業になってしまいます。

私たちに本当に利益をもたらしてくれるのは、繰り返し買ってくださる（利用してくださる）、ファン（＝ロイヤル・ユーザー）だと認識しましょう。

ですから、利益が出ない・残らない、今までの顧客が離れているという状況になったときには、顧客維持ができる「仕組み」を再考しましょう。

ここで改めて、「売れる仕組み」を定義すると次のようなプロセスになります。

顧客が知り→興味を持ち→調べ→比較し→評価し→買い（使い）→クチコミし→また買ってくれる

つまりターゲット層が顧客になり、ファンになるまでの一連の流れのことを指します。

よく見かけるのは、新規獲得にばかり目が行き、一度売っただけで顧客との関係が終わってしまう、という売り切りの商売になってしまっている現象です。

これではいつまで経っても広告費や労力がかかり、同じことの繰り返しで利益が出ません。お客さまに長く買い続けてもらう仕組みが必要なのです。

本書冒頭のヘアサロンの例。田中さんは店構えを大きくしクーポンを発行、新規ばかりとっています。データを振り返らないので、利益が出ないのはリピートが少ないからだと気づきません。一方、山田さんは、来店ごとに次の予約を取り、既存顧客の大福帳

（カルテ）を活用、リピート率を上げているのです。

なぜリピートしてくれないのか――。商品やサービスに満足していただけなかったから、というラジカル（根源的）な原因がある場合は、商売そのものをしっかり見直さなければなりません。

しかし、商品やサービスに瑕疵《かし》はないのに、リピートをしてもらえないことがあります。それは、「忘れられてしまうから」です。

顧客というものは移り気で、一度使ってもらったからといって、すぐにファンになってくれるようなことはなく、簡単には思い出してもくれません。それどころか、とても忘れやすい人たちなのです。

特に単価が高く、購買頻度が低い大型家電製品や自動車のような耐久消費財、ジュエリーや高級食材、レストランなどは忘れられてしまう確率の高い商売です。

売り手のタイミングで情報を届ける

私は家族や友人にプレゼントをするときには、「目新しいもの」が欲しくて、よくデパートのポップアップショップ（期間限定で出店している店舗）でバッグや服を買うことがあります。

とてもいい感じのバッグを娘のために買い、喜んでもらったので「姪の誕生日にもあのブランドを買おう」と思ったけれど、

「そういえば、なんというブランドだっけ？」

こんな経験が度々あります。

忘れられないようにするには、単純に「有益な情報を定期的に届ける」ことが肝要です。

それも売り手が望むタイミングで送りたいところです。

ですから、インスタグラムやツイッターをフォローしてもらうのも、もちろんいいのですが、見てもらえるかどうかは相手次第。少し弱いと思います。

売り手の望むタイミングで顧客に確実に情報が届けられるのは、ＤＭやニュースレターになりますし、ネットであれば自社アプリがあれば最適ですが、ＬＩＮＥビジネスやメールマガジンに登録してもらう努力をしたいところです。

この仕組みは法人向けビジネスも同じです。

先日、「ジャパンビルド」という展示会に行きました。建築関連業界のイベントです。とても面白いブースがいくつかあり、話を聞きましたが、多くのブースでは説明をするだけです。名刺交換をするとか、アンケートを取るとかすればいいのに、もったいないなあと感じました。

大切なのは「顧客リスト」を作成することです。もちろんリアルでもネットでも相手の同意が必要ではありますが、どちらも申し込みできる仕組みを構築します。

こうした「リスト」は管理のコスト、リスクが高く、関連法規の遵守も求められるため、面倒に感じられるかもしれませんが、しっかりと制度などを勉強して取り組むべきです。

商売の利益は、面倒なことに取り組むことで生まれるものです。

リアルのイベントであればアンケートを、ネットであればQRコードを用意して、登録してくれたら、たとえばジュエリー販売や飲食店であれば、次回訪問時に使えるクーポン特典等を用意することで登録率を上げられます。

また、既存顧客にもう一度買ってもらうということは、新規顧客の獲得に尽力するより、マーケティングコストがかからないぶん、利益が出やすくなります。

ポケモンGOが流行った際に、ある方から「このゲームをマーケティングで活用するためのセミナーをお願いします」と言われ、自分でやってみたところ、以降はまってしまい、やみつきになりました。

考えてみれば、スマホゲーム史上で初めてゲーマーを外に連れ出したゲームではないでしょうか。

次々に出てくる新しいモンスター、思わずトライしたくなる期間限定のイベント、次のステップに進むために欲しくなる有料アイテムの追加など、「継続させる仕掛け」が満載でした。このような仕掛けが長く愛される仕組みと言えます。

継続購入としてのサブスクリプションを再度考える

売り伸ばすには、また利益を上げるには、顧客維持と継続購入が重要だと理解しても、「でも何をすればいいの？」となかなか具体的なビジネスとしてはイメージできない方も多いようです。

そこで、第1章で軽く触れましたが、サブスクリプション・ビジネスについて再度考えてみましょう。

ネットフリックス、アマゾンプライム、スポティファイをはじめ、サブスク・ビジネスが全盛期を迎えています。

ネットとＩＴの進化、浸透により、サブスクリプション型のサービス提供、さらに定期的課金が容易になったことが背景にあります。

このサブスク、おなじみさんに定期的に商品を届ける仕組み、と考えれば、昭和のころにも、いや江戸時代からありました。

生協の宅配、牛乳の宅配、私が小学生のころに学校に売りにきていた学習研究社の「科学」と「学習」だってそうです。

やはり**馴染みの顧客は大事だということは昔から変わらない**のです。

江戸の呉服屋さんは火事になると、大福帳を井戸に投げ込み、呉服は放って逃げたと言われています。

大福帳という顧客リストさえあれば、他がなくなっても、商売を再開できるというくらいロイヤルカスタマーの名簿は大事なのです。

実際、愛知県の八丁味噌のメーカーで、創業４００年の老舗が併設している博物館には大福帳が飾ってありました。

米国の巨大ＩＴ企業群、ＧＡＦＡＭ（Google, Amazon, Facebook, Apple, Microsoft）が強いのは、膨大なユーザーに関するデータベースを保有しているからです。

もちろん、量＝多面的に入ってくる圧倒的、かつ多種・多数のデータによる強みがあります。

そして、それだけでなく質＝膨大なデータから重要な文脈を読み取る能力が高いのです。

美容室の定額サブスクサービスを手がけるＭＥＺＯＮ（メゾン）のヘアケアに特化したサービスは、毎月定額を支払うと（同社ホームページより）、このサービスに加盟しているサロン・美容院でシャンプーやブローのほか、チケットの枚数に応じたサービスを受けられます。

定額制で、アプリでシンプルに申し込めると、時間の空いたときや、気分転換がしたいとき、ちょっとしたお出かけのときなど、気軽に予約できることが価値になります。

また加盟している美容院側も、自らセールスプロモーションをせずとも新規顧客が獲得でき、美容に関心がある顧客層が発掘できるという利点があります。

シャンプーやブローに加えて、パーマやカラーを発注することもあり、売上増になっているとのこと。

これは既存顧客へのクロスセル（当該商品と別商品の同時購入）やアップセル（顧客単価の向上）になるので、自店舗の売り上げ増にもつながります。

この本でも、先に紹介した天野商事の事例などもある意味、サブスクのビジネスと言えます。

皆さんのビジネスでも、どのように顧客維持、継続購買の仕組みを構築できるのか、考えてみてはいかがでしょうか。

ここまで、「売れない問題」を解決するための「メソッド＝手法」をマーケティングのフレームワークと事例などで説明してきました。

手法はいわばツールです。いくらいいツールが手元にあったとしても「使いこなす力」がないと宝の持ち腐れになってしまいます。

最後に、売れないという問題の解決ツールを使いこなすために、あなたとあなたのチームメンバーにどんな力が必要か、を考えていきましょう。

「売れない問題」を解決する3つの力

なぜ、「売れない」のか、その原因はなんだと思いますか？と尋ねると、多くの方が、

「強力なライバルが出現した」「アイディアが陳腐化した」「時代が変わった」などとお答えになります。

しかし、これは本書冒頭で書いたように、単なる「今の状況」でしかありません。

この状況に気づいたら、「なぜライバルに勝てないのか？」「新しいアイディアが出ないのはなぜか？」「時代が変わった今、やるべきことは何か？」を深掘りしていくことが出発点です。

次々と登場する新しい技術や売り方など、これからも不確実で予測しにくい状況は続いていくので、「売れない問題」を1つひとつ解決していくことも大事です。

しかし、その場しのぎの対症療法だけでは、本当の「売れない問題」、「顧客が持つ課題」を解決はできません。

「売れない問題」を根っこから解決するには、根本治療が必要なのです。

そのために、先手先手で時代をつかみ、問題を深掘りして、本当の問題を発見し最適な手を打つことが必要になります。すなわち、根本治療には、売れない問題解決の公式というメソッドを使いこなせる力が必要になるのです。

では、「売れない問題」を解決するにはどんな力が必要なのでしょうか。

それは、この3つの力です。

①現状を打破し新しい発想を生む力
②顧客の本音を知る顧客力
③組織メンバーが一定の成果を出せる仕組み力

この3つを総合したものが、いまの時代に必要な「**マーケティング力**」です。

発想力は、広い視野と高い視座で鍛える

発想力とは、イノベーションを生み出す力です。

イノベーションといっても、世の中に存在しないまったく新しい製品を開発する、新しいビジネスモデルを生み出す、ということではありません。

ここで言うイノベーションとは、**「顧客にとって新しい価値を生み出す」**ことを指します。

顧客にとっての新しい価値は、当然あなたの会社がやってきたことの**「延長線上にはない」**と考えてください。

ということは、今までの経験に基づく発想、すなわち**業界脳**にとらわれない視点で発想をすることが必須になります。

一方で「新しい発想を生め」「イノベーションだ!」とはっぱをかけられたところで「そうはいっても難しい」というのが本音です。

こういうときは新しい発想が出ない理由を因数分解してみましょう。アイディアを阻害するのは「思考停止」です。

思考停止が起きる原因は、「こうに決まっている」という「固定観念」、あるいは、うちはこれまでこの製品、やり方で成功してきたから、という「過去の成功体験」にとらわれていることが大半です。

思考停止が発生している、と気づいたら自分だけ、チーム内だけで解決しようとせず、「新しい血」を入れることが肝要です。

そのときは、「高い価値観をもった」、しかしながら「できる限り違うタイプの人」の意見が参考になります。同世代、同性、似た経歴の人々が集まると、どうしても発想が偏ってしまいます。これがダイバーシティ（多様性）が重視される理由でもあります。

あなたが営業チームを率いる30代の男性社員だとしたら、同じ会社の経理や人事、技術部など違う部署の若手女性社員にブレーンストーミングを手伝ってもらい、固まった思考をほぐすといいでしょう。

それによる**広い視野**はあなたの発想に厚みをもたらしてくれます。

もう1つ大事なことは、今までより**高い視座**から、問題を取り巻く大きな絵を描く練習をすることです。シンプルに「もし自分が部長だったら」と想像、いや妄想してみるくらいの心持ちで、全体像を描いてみるといいでしょう。

顧客力は、目線を置き換えることで鍛える

2つ目の顧客力は実はシンプルな力です。それは、お客さまを理解し、一歩先を提案する力だからです。

しかし、シンプルであるがゆえに、顧客力を身につけることは意外と難しいのです。

顧客力を身につけるには、幅広く抽象的な顧客を、具体的に定義することが必要です。あいまいなことをあいまいなまま放っておくと**「あいまい」**なまま終わってしまうからです。先ほど説明したペルソナ設定の考え方も参考になると思います。

ではここで、顧客力の反対の概念とは何かを考えてみましょう。

顧客力の中身は、前章で説明した、顧客が今は気づいていないけれど教えてもらったら嬉しい**潜在ニーズ**を発見できる洞察力、顧客行動を理解して先手を打てる力です。

潜在ニーズを見つけるには、顧客の立場で、顧客問題を解決に導く姿勢でいることが必須です。

ということは、顧客の立場の反対にあるのは「**売り手の立場**」になります。

うちの会社が売る、という売り手目線から、顧客が買いたいという買い手目線になることこそが「顧客力」の強化につながります。

これも「そうはいっても難しい」という声が聞こえてきそうです。実際に私も企業でマーケティング担当者のときには、「売りたい」という気持ちが先走り、売り手目線になりがちでした。

数ある顧客目線の鍛え方のうち、まずやるといいのは「主語の置き換え」です。

目指すべきは、売り手目線から買い手目線への転換なので、「うちの会社は」が主語となっている文章を、「お客さまは」から始まる文書に書き換えてみるといいでしょう。

たとえば、「我が社は支店数が多いので、きめ細かいサービスを提供できる」という強みがあるとします。

支店数の多さは自社のメリットですが、それによって得られる便益が顧客価値です。

これをお客さまを主語にすると、「お客さまには、いつもフォローしてもらえる安心感がある」「お客さまは、ワンストップで問題解決ができるので、時間もセーブできるし、イライラも感じない」といった具合です。

仕組み力は、実践を徹底して鍛える

3つ目は仕組み力です。「売れる仕組み」は「何を＝差異化されたプロダクト」「誰に＝的確なターゲット設定」「どうやって＝顧客とのコミュニケーション」の戦略を立てただけでは終わりません。

計画を実践してはじめて意味があります。そして立案者だけでなく、チームで仕組みに取り組んで、はじめて成果につながります。

一方で、今までやったことのないことに取り組むときにまず当たる壁が「そんなのできるわけない」という、他部署やチーム内からの抵抗です。

人間は基本的に変化を嫌う生き物なので、抵抗が出るのは仕方がありません。

この社内の壁を乗り越えない限り、顧客に新たな価値を届けることはできません。

壁を越えるためには、粘り強く説得をする人間力・胆力で臨むこと、そしてそこに説得力を付加できれば鬼に金棒です。


この徹底には「知的な体力」が必要です。

「これはいい！」と思って企画したことでも、むやみに調査しよう、広告を出そうというだけでは、社内各所から抵抗されてしまいます。

実際に、ＭＢＡを取得した直後の私もそうでした。社内の人間関係や周囲で働く人々の感情面への配慮を軽視し、説明不足のまま突っ走っても、誰もついてきません。

社長の号令で「営業部内にマーケティング部を作るんだ！」となってマーケティングマネジャーになった人が、最初に当たるのもこの壁です

図表5-1：ゴールデンサークル～円の中心から始めよ

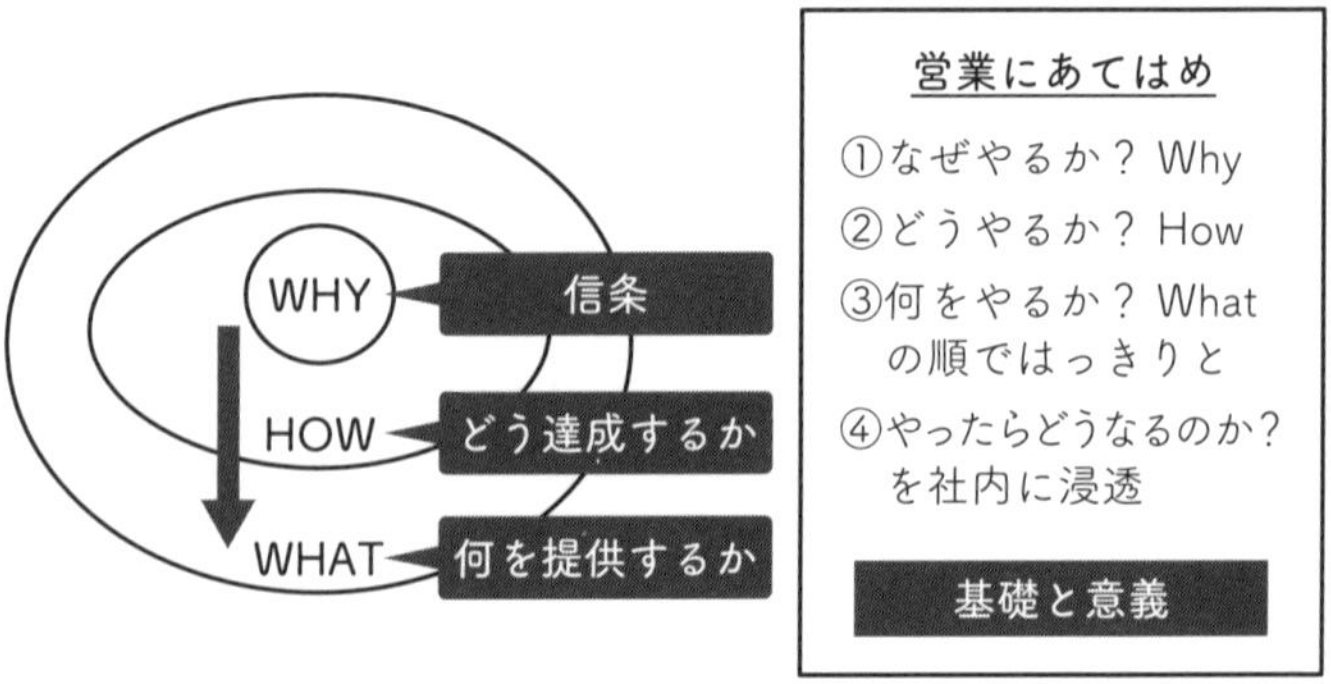
WHY
HOW
WHAT
信条
どう達成するか
何を提供するか
営業にあてはめ
①なぜやるか？ Why
②どうやるか？ How
③何をやるか？ What
の順ではっきりと
④やったらどうなるのか？
を社内に浸透
基礎と意義

『WHYから始めよ』を参照し作成

説得力を高める4つのステップ

ここでの説得力とは、目的を達成するまでの道のりを、多くの人が理解できるように、「理にかなった」説明ができる力です。

その説得の中身は、次の4つになります。

①WHY――「何をやるか（WHAT）」よりも「なぜ調査や広告をやる効果があるのか」をまず説きます。

②HOW――そのためにはどうやってやるのかという方針を明確にします。

③WHAT――HOWを説明して初めて、数多くある選択肢から「これをやる」という説明をします。

④SO WHAT――「売り上げアップにこ

う つながる」というやる想定成果を説きます。

ここで説明した①から③までのステップは、『WHYから始めよ』(日本経済新聞出版)という本に書いてある考え方を、私なりに解釈したものです。この本には、そのプロセスが詳しく書かれていますのでぜひ参照してみてください。

マーケティングや営業などの部門で説明する際には、「この新しい取り組みをやったら自分たちはこうなる」という**目標達成のイメージ**として④を追加するといいでしょう。

この順番で、理にかなった、筋道立てたストーリーで話をすることで、チームを説得できれば、チームメンバーが腹落ちして、「では、やってみよう」とチーム全体で取り組めるようになるのです。

3つの知で仕組み化する

チーム力をアップすることで、「売れない問題」を解決していくには、属人的なパワーに頼らないことが肝要です。

営業組織を例にとると、「あいつはいつも1人だけ数字がいいな」というスーパー営業担当者がどの会社にもいます。

でも、その人が他部署に移動すると、引き継ぎがうまくいかずに既存客が離れたり、顧客単価が落ちたりして、チームの成績ダウンにつながりがちです。

営業や販売、マーケティング組織での「仕組み化」には、このような「属人性」を脱することによるチーム力の底上げも重要なポイントです。


では、どうやったら特定の人に頼らない「仕組み」ができるのでしょうか。

具体的には、チームメンバーが持っている情報や考え方を社内でどう共有するのか、を掘り下げていきます。

組織で動くということの最大の利点は、「三人文殊の知恵」という点にあります。

やはり1人よりも2人、2人よりも3人のほうがディスカッションの幅が出て、偶発的ないいアイディアが出てきます。

会社の中の1人ひとりが持っている経験値やノウハウを出し合って、バージョンアップさせる、ということでより大きな力になることを期待したいところです。

この場合も、先ほど説明したように、多様な人材の意見をできる限りフラットに集める、という姿勢が大切です。

「上司だから、先輩だから」など、組織内で力が強い人の意見に引っ張られては意味がありません。

また、前向きな意見を重視することによって、文句ばかり言っている人、仕事に真剣に取り組まない人、成果をまったく上げられない人が発するノイズで、議論の方向性に歪みが生じないようにすることも注意しましょう。

ここで、組織で知恵を出すときに使われる「暗黙知、形式知、集合知」の3つの知を紹介します。

頭の中にある**アイディア**をチーム内で**見える化**して、**相乗効果**を出す、という3つのステップを踏む考え方です。

ライバルが察知できない「知恵」をいかに集めるか

まず暗黙知は、可視化されていない知恵です。

まず個々人が頭の中にある「名案」を出し切ることにあります。ちょっとした気づき、成功や失敗事例、うまくいった経験談など、ビジネスに関係する、どんな小さなことでもいいので、数多く蓄積しておくことが大事です。

形式知化する段階では、出された「暗黙知」をチームメンバーが見えるようにすることです。

具体的には、書式を作って貼っておく、イントラネットにアップする、というようなイメージです。その書式を発表する場があるとさらにいいでしょう。

このときのコツは、書式に書く内容の的を絞ることと、自分ならどうする、という意識で他者が書いたことを読むことです。自分ごとにして初めて成果につながります。

もう1つのコツはリーダーが「**見せる化**」することです。イントラネットなどに見える化されたものはメンバーが見て初めて意味を持ちます。

でも、10人いたら10人が皆、きちんと見るとは限りません。ですから、「見た?」とリマインドするなどの念押しがあると、より効果的です。

3つ目は、見える化した書式を共有する仕組みです。

やはりディスカッションする場を持つのが一番いいでしょう。チームメンバーによる見える化されたアイディアを「見せる化」したうえで、意見を出し合うことで、そこからまた新しいアイディアを出すといったループにしていきます。

自然とこのサイクルができてメンバーが自発的に「集合知」のディスカッションの場を設けたりできるようになるのが理想的です。

カーディーラーにおける「3つの知」の事例を考えてみます。

受付が「お客さまに書いてもらうアンケートについて、声がけの方法を変えたら、よりスムーズに接客できるようになった」という暗黙知を、イントラネットで見える化します。

それを見た車検担当が「そうか、私も車検メニューの尋ね方を変えてみよう」となるのが気づきの実践です。

それを会議で、全員でディスカッションして他の部署でも使えないかと知恵を出し合う、といった流れをつくるというイメージです。


ＩＴの進化により、どんな企業でも、イントラネットでの「形式知化」、リモート会議による「集合知出し」に取り組みやすくなっています。

こうなるといかに有効な暗黙知を多く持ち寄れるかが勝負の分かれ目になります。

この暗黙知は、ライバルから一番見えにくい情報です。ＤＸ（デジタル・トランスフォーメーション）での形式知化や集合知出しの仕組みがうまく構築できたら、そこで満足せずに暗黙知を数多く集めるための仕組みがあれば、持続的に優位性が保てるきっかけになります。

マーケティング力をどう活かしていくのか

本来のマーケティングとは、「売れる仕組み」を内包した売り上げと利益が出せる計画を作って実践することです。

具体的には、攻めるに足る有望な市場を見つけ、勝てる「売り物」を生み出し、一連の流れを仕組み化し、そして継続的に実践するといった具合です。

ですから、マーケティングを会社に取り入れるということは、単に分析をして戦略を立て販売促進をする、ということにとどまりません。

マーケティングを取り入れる実務とは、営業や経理、人事、製造、開発といった会社のすべての組織や部署をビジネスユニットとして　もう一度編成する一連の仕事の流れを指します。

長い目で見る視点と組織を動かす力が必要になります。すなわち、マーケティング担当者には戦略リーダーとしての視点と力が必要になります。

「売れない問題」は、全員で取り組むべき最も重要なテーマ

ここで1つ質問です。

マーケティングは誰がやるべき仕事なのでしょうか。

マーケティング部でしょうか。それとも社長や経営企画部でしょうか。

答え合わせをする前に、マーケティングをやる意味をもう一度考えてみましょう。

マーケティングの目指すところは、買ってもらい、そしてファンになってもらうことです。

そのために、顧客ニーズを探り、自社だけが実現できるプロダクトを生み出し、顧客とコミュニケーションをとっていくことにより、「買ってもらい、また買ってもらう」がマーケティングのゴールとなります。

この一連の流れの各フェイズにおいて、企画部門、製造や技術、品質管理、営業部や組織や配置といった部門それぞれが正しい意思決定をすることで、顧客を獲得して維持できるのです。

「マーケティングはマーケティング部門だけに任せるには重要すぎる」という言葉があります。

ヒューレットパッカードの創業者の一人、デビッド・パッカード氏によるこの言葉にあるとおり、マーケティングによって市場で勝ち抜いていくには、部署横断で会社全体として取り組んでいくことが必要なのです。

本書で解説してきた「売れない問題」に対処する方法は、個人でビジネスをされている方にももちろん役立ちます。

もちろん、一定規模以上の組織、企業においても、たとえば個人での仕事に活用すること、また働き方を考えるヒントとすることも可能でしょう。

しかし、根源的な解決を目指すのであれば、チーム全体、組織全体で問題意識を共有して、目指すべき方向をすり合わせ、力を結集して取り組むことが求められます。

それほどビジネス環境は激変し、難しい時代となっています。

だからこそ、ビジネスの面白さも増している時代になっているとも言えるでしょう。

理央 周
（りおう・めぐる）

マーケティングアイズ株式会社代表取締役
関西学院大学経営戦略研究科教授

米国インディアナ大学MBA。アマゾンやジュピターテレコム（現JCOM）、マスターカードでマーケティング部立ち上げやブランドマネジメントに従事。現在は、新規事業立ち上げ、ブランディング構築のコンサルティングとマーケティング人材の開発・社員研修を提供。一般社団法人最適経営学践協会の代表理事として経営者に学びと実践を共有する場も提供。『「なぜか売れる」の公式』（日本経済新聞出版）など著作やメディア出演も多数。本名、児玉洋典。

売れない問題 解決の公式

2023年1月25日　1刷

著者 ―――― 理央 周

発行者 ―――― 國分正哉

発行 ―――― 株式会社日経BP
日本経済新聞出版

発売 ―――― 株式会社日経BPマーケティング
〒105-8308　東京都港区虎ノ門4-3-12

装幀 ―――― 野網雄太（野網デザイン事務所）

DTP ―――― マーリンクレイン

印刷・製本 ―― 三松堂印刷

ISBN978-4-296-11593-8